7 Physik, Chemie
Biologie

NA TECH

ARBEITSMATERIALIEN N2

LMVZ

Inhaltliche Projektleitung
Susanne Metzger (PH FHNW, PH Zürich)

Autorinnen und Autoren
Maja Brückmann
Simon Engel
Patrick Kunz
Lorenz Möschler
Livia Murer
Felix Weidele

Projektleitung LMVZ
Alexandra Korpiun
Daniela Rauthe
Nicholas Ditzler
Natalie Peyer
Beat Wolfensberger

Fachexpertinnen und -experten
Ueli Aeschlimann
Julia Arnold
Christina Colberg
Cornelia Höhl
Ruedi Küng
Claudia Schmellentin
Charlotte Schneider
Ulrich Schütz
Simone Studer
Urs Wagner
Markus Wilhelm

Praxisexpertinnen und -experten
Rahel Arpagaus
Nadine Gadient
Mario Hartmann
Philipp Herren
Matthias Kindlimann
Pierre Kübler
Urs Stirnimann

Rechteabklärungen
Thomas Altnöder

Gestaltung
icona basel

Fotografie Umschlag
icona basel, Christoph Gysin

Illustrationen
bildN:
Anne Seeger
Kerstin Staub
Andrea Ulrich

© 2019 Lehrmittelverlag Zürich
1. Auflage 2019
In der Schweiz klimaneutral gedruckt auf FSC-Recyclingpapier
ISBN 978-3-03713-811-3

www.lmvz.ch
Digitale Lehrmittelteile: digital.lmvz.ch

Das Werk und seine Teile sind urheberrechtlich geschützt.
Nachdruck, Vervielfältigung oder Verbreitung
jeder Art – auch auszugsweise – nur mit schriftlicher
Genehmigung des Verlags.

ilz Koordination mit der Interkantonalen Lehrmittelzentrale

Inhalt

1 Naturwissenschaften erkunden

AM 1.1	Gebiete der Naturwissenschaften	5
AM 1.2	Drähte werden warm	7
AM 1.3	Handheizung oder Fussheizung bauen	9
AM 1.4	Zufälle können viel verändern	11
AM 1.5	Das Mikroskop	13
AM 1.6	Phänomene in Zellen der Wasserpest beobachten	15
AM 1.7	Phänomene in Zellen der Zwiebelhaut beobachten	17
AM 1.8	Samen erkunden	19
AM 1.9	Keimungsexperimente mit Kressesamen	21

2 Den Körper analysieren

AM 2.1	Wichtige Organe unseres Körpers	23
AM 2.2	Welche Organe sind am wichtigsten?	24
AM 2.3	Aufgaben von Knochen: Mehr als nur Stützen	25
AM 2.4	Wenn Gegenspieler zusammenspielen: Modell des Ellenbogengelenks	27
AM 2.5	Beim Gehen spielen viele Muskeln zusammen	29
AM 2.6	Was aus der Luft brauchen wir?	31
AM 2.7	Sauerstoff und Kohlenstoffdioxid – zwei wichtige Gase	33
AM 2.8	Untersuchung der Atemgase mit der Kalkwasserprobe	35
AM 2.9	Ein Lungenmodell bauen	37
AM 2.10	Blut – mehr als nur eine rote Flüssigkeit	39
AM 2.11	Blut unter dem Mikroskop	40
AM 2.12	Herz: Da ist etwas durcheinandergeraten!	41
AM 2.13	Stofftransport: Wir haben mehr als einen Blutkreislauf	43
AM 2.14	Wie kommt es zum Herzinfarkt und was kann man dagegen machen?	45
AM 2.15	Fragen zu den Entsorgungssystemen des Körpers	47
AM 2.16	Die Verhütungsmethoden im Überblick	49
AM 2.17	Verhütung, gewusst wie!	51
AM 2.18	Wahl eines Verhütungsmittels	53

3 Reize und Sinne untersuchen

AM 3.1	Getränke testen	55
AM 3.2	Reflexe und ihre Aufgaben	57
AM 3.3	Zwei verschiedene Arten der Reizverarbeitung	59
AM 3.4	Räumliches Hören	61
AM 3.5	So breitet sich Schall aus	63
AM 3.6	Aufbau und Funktion des Gehörs	65
AM 3.7	Das Trommelfell	67
AM 3.8	Trommelfellriss	69
AM 3.9	Lärmschwerhörigkeit und Tinnitus	71
AM 3.10	So kannst du dich vor Gehörschäden schützen	73
AM 3.11	Konkave und konvexe Linsen haben unterschiedliche Eigenschaften	75
AM 3.12	Sehfehler	77
AM 3.13	Korrektur der Sehfehler	79
AM 3.14	Den blinden Fleck sehen	81
AM 3.15	Räumlich sehen	83
AM 3.16	Besondere Sinnesorgane bei Tieren	85

4 Bewegungen erkunden

AM 4.1	Bewegungen im Veloparcours beschreiben	**87**
AM 4.2	Geschwindigkeiten bestimmen	**89**
AM 4.3	Eine gleichförmige Bewegung untersuchen	**91**
AM 4.4	Eine beschleunigte Bewegung untersuchen	**93**
AM 4.5	Eine verzögerte Bewegung untersuchen	**95**
AM 4.6	Bewegungen in Diagrammen erkennen	**97**

5 Energie erkunden

AM 5.1	Energieformen	**99**
AM 5.2	Energieumwandlungen überall	**101**
AM 5.3	Entwickelt eigene Versuche zur Energieumwandlung	**103**
AM 5.4	Ein Skateboard in der Halfpipe	**105**
AM 5.5	Das Solarauto	**106**
AM 5.6	Dein Lieblingshamburger	**107**
AM 5.7	Energieentwertung in der Natur	**109**
AM 5.8	Heisse oder kalte Dose	**111**
AM 5.9	Warum friert der Eisbär nicht?	**113**
AM 5.10	Energiewürfel als Modell	**115**
AM 5.11	Energie im Stromkreis geht nicht verloren	**117**
AM 5.12	Baut eure eigene Achterbahn	**119**

6 Arbeiten im Labor

AM 6.1	Wie der Gasbrenner funktioniert	**121**
AM 6.2	Gefahrensymbole	**123**
AM 6.3	Volumenbestimmung	**125**
AM 6.4	Massenbestimmung	**127**
AM 6.5	Stoffeigenschaften experimentell bestimmen	**129**
AM 6.6	Werkstatt Stoffeigenschaften	**131**
AM 6.7	Siedekurve und Siedepunkt von Wasser	**135**
AM 6.8	Schmelzpunkt und Siedepunkt	**137**
AM 6.9	Dichte von Festkörpern und Flüssigkeiten bestimmen	**139**
AM 6.10	Tee und Milch	**141**
AM 6.11	Vom Steinsalz zum Kochsalz	**143**
AM 6.12	Chromatografie mit Filzstiftfarben	**145**
AM 6.13	Sauberes Wasser	**147**
AM 6.14	Abfalltrennung in deinem Haushalt	**148**
AM 6.15	Wortsuchrätsel: Gemische benennen	**149**
AM 6.16	Phänomene werden erklärbar	**151**

7 Chemische Reaktionen untersuchen

AM 7.1	Chemische Reaktionen	**153**
AM 7.2	Eisenwolle verändert sich	**155**
AM 7.3	Energie bei chemischen Reaktionen	**157**
AM 7.4	Chemie der Kerzenflamme	**159**
AM 7.5	Fotosynthese untersuchen	**161**
AM 7.6	Elemente anordnen	**163**
AM 7.7	Eigenschaften von Stoffen	**165**

Bildnachweis ... **167**

AM 1.1 N123

NATURWISSENSCHAFTEN ERKUNDEN

Gebiete der Naturwissenschaften

Häufig werden die Naturwissenschaften in drei Gebiete eingeteilt: **Biologie**, **Chemie** und **Physik**. Das geht aber nicht immer so einfach, denn die Gebiete vermischen sich oft. Es gibt zum Beispiel die **Biochemie**, die **Biophysik** oder die **physikalische Chemie**. Dann gibt es auch noch die **Agrarwissenschaft**, die **Astronomie**, die **Geologie**, die **Meteorologie**, die **Umweltwissenschaften** und viele mehr. In den vermischten Gebieten wird das Wissen aus verschiedenen anderen Gebieten zusammengebracht. Auch in der **Technik** wird das Wissen aus vielen anderen Gebieten verwendet.

In ▶ **OM 1.3** findest du eine Tabelle, in der die verschiedenen Gebiete kurz erklärt werden. Das kann für den folgenden Auftrag hilfreich sein.

1 Ordne die Bilder der Seiten 6 und 7 aus dem Grundlagenbuch den Gebieten in der Tabelle zu.

Gebiete	Bildnummern
Biologie	
Chemie	
Physik	
Technik	

2 Gibt es Bilder, die du mehreren Gebieten zugeordnet hast?
Markiere sie mit Farbe in der Tabelle oben.

3 Gibt es auch Bilder, die du keinem der vier Gebiete zuordnen kannst?
Versuche, sie den Gebieten unten zuzuordnen.

Gebiete	Bildnummern
Agrarwissenschaft	
Astronomie	
Geologie	
Meteorologie	
Umweltwissenschaften	

4 Sind immer noch Bilder übrig?
Erfinde selbst Gebiete, denen du die Bilder zuordnen könntest.

Gebiete	Bildnummern

Drähte werden warm

Ihr werdet nun ein Experiment durchführen. Dabei geht ihr wie im Experimentierprozess beschrieben vor. Beim Experimentierprozess müssen nicht immer alle Schritte durchlaufen werden. Manchmal können Schritte auch weggelassen oder wiederholt werden. Dieses Symbol (✂) seht ihr immer dann, wenn es um Schritte aus dem Experimentierprozess geht. Wenn ihr nicht mehr sicher seid, wie ihr beim Experimentieren vorgehen sollt, könnt ihr in ▶TB 1 **Experimentierprozess** nachlesen.

Untersucht zu zweit, wie warm verschieden lange Drähte werden, wenn ihr sie mit den Polen einer Batterie verbindet. Wie warm die Drähte werden, könnt ihr testen, indem ihr eine Kerze an den Draht haltet und beobachtet, wie gut der Draht das Wachs schmilzt. Geht dabei so vor:

Das braucht ihr
- 1 Batterie 4.5 V
- 3 verschieden lange, aber gleich dicke Drähte
- 1 feuerfeste Unterlage
- 2 Kabel mit Krokodilklemmen
- 1 Kerze

1 ✂ Fragen
Schreibt eine Forschungsfrage auf.

Tipp Lest im Text oben noch einmal nach, was untersucht werden soll.

....
....

2 ✂ Vermuten
Wie könnte die Antwort auf die Forschungsfrage lauten? Ergänzt eure Vermutung.

Wir vermuten: ....

3 ✂ Durchführen

a Verbindet den *langen* Draht mit der Batterie wie im Bild gezeigt.

b Haltet den Draht 5 Sekunden lang an die Kerze. Beobachtet, wie tief sich der Draht in das Wachs brennt.

c Trennt den Draht sofort danach von der Batterie. Fasst dabei nur die Krokodilklemmen an!

d Verbindet als Nächstes den *mittleren* und dann den *kurzen* Draht mit der Batterie.

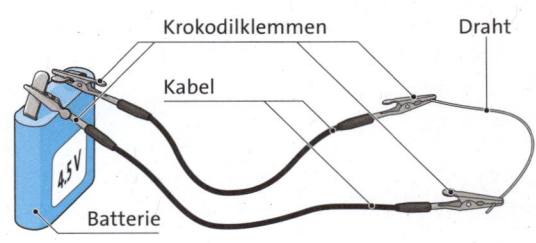

 Vorsicht
Drähte nicht berühren, sie können sehr heiss werden!

4 ⊲ Darstellen
Skizziert oder schreibt auf, was ihr beobachtet habt.

5 ⊲ Auswerten

a Stimmt eure Vermutung?   ☐ Ja   ☐ Nein

b Was habt ihr herausgefunden? Schreibt einen Je-desto-Satz:

Je .... der Draht, desto ....

6 ⊲ Berichten
Besprecht mit anderen das, was ihr herausgefunden habt.

AM 1.3 N123 NATURWISSENSCHAFTEN ERKUNDEN

Handheizung oder Fussheizung bauen

Das braucht ihr
– Papier
– 1.5 m Draht (0.2–0.5 mm dick)
– 1 Batterie 4.5 V
– Halbkarton oder Ähnliches

Baut zu zweit eine Heizung für Handschuhe oder Schuhe.

1 Skizziert und beschreibt, wie ihr eine solche Heizung bauen wollt.

2 Baut eure Heizung.

3 Funktioniert die Heizung?

JA
Wie könntet ihr die Heizung noch verbessern? Beschreibt oder skizziert.

NEIN
Schreibt auf:
– Was hat nicht geklappt?
– Was könnte der Grund dafür sein?

Tipp Zeigt eure Heizung anderen und lasst euch beraten.

▶ **Ändert eure Heizung so ab, dass sie besser funktioniert.**

4 Fertig mit allem? Dann überlegt euch einen Namen für eure Heizung.

Zufälle können viel verändern

Entdeckungen und Erfindungen verändern das Leben der Menschen. Entdeckungen und Erfindungen entstehen aber nicht immer bewusst, sondern manchmal durch Zufall.

Penicillin

Alexander Fleming (Bild 1) war ein schottischer Arzt, der in einem Forschungslabor in London arbeitete. Im Sommer 1928 liess er Glasschälchen mit Bakterien in seinem Labor stehen und ging für ein paar Tage in die Ferien. Als er zurückkam, war auf den Platten ein Schimmelpilz gewachsen. Rund um den Pilz waren die Bakterien gestorben (Bild 2). Der Pilz hatte also etwas produziert, das die Bakterien tötete. Weil der Pilz Penicillium heisst, nannte Fleming den Wirkstoff Penicillin.

Manche Bakterien verursachen Krankheiten wie Lungenentzündung oder Blutvergiftung. Früher starben viele Menschen an solchen Krankheiten. Ein Medikament gegen solche Krankheiten nennt man Antibiotikum. Penicillin war das erste Antibiotikum. Penicillin wird auch heute noch verwendet.

Bild 1 Alexander Fleming in seinem Labor

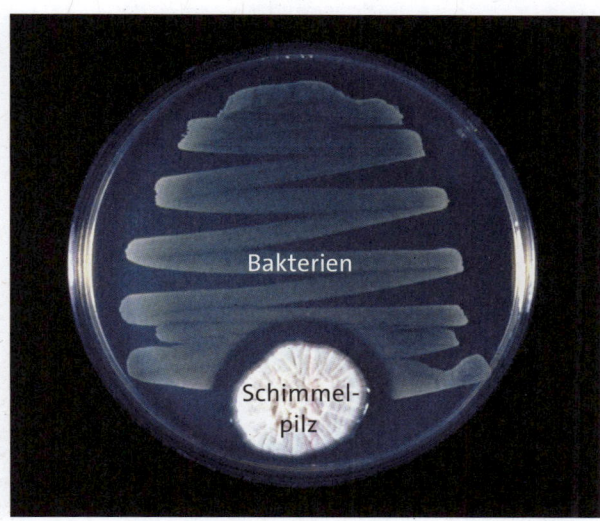

Bild 2 Glasschälchen mit Bakterien und Schimmelpilz, der Bakterien tötet

Post-it

Der Chemiker Spencer Silver arbeitete Ende der 1960er-Jahre für eine amerikanische Klebeband-Firma. Silver sollte einen neuen Superkleber entwickeln. Bei einem seiner Versuche stellte er einen Kleber her, der nicht so gut klebt und sich leicht wieder ablösen lässt. Wofür man diesen Kleber brauchen kann, wurde Jahre später entdeckt. Arthur Fry (Bild 3), ein Arbeitskollege von Silver, verwendete kleine Zettel als Buchzeichen. Fry ärgerte sich darüber, dass die Zettel immer aus dem Buch fielen. So kam er auf die Idee, die Zettel auf der einen Seite mit dem Kleber zu bestreichen. Das Post-it war erfunden.

Bild 3 Arthur Fry mit Post-it

Künstliche Farbstoffe

Der 18-jährige Chemiestudent William Perkin (Bild 4) wollte 1856 ein Medikament gegen Malaria herstellen. Bei seinen Experimenten fand er aber kein Medikament, sondern einen lila Farbstoff, das Mauvein. Kurz darauf brach er sein Studium ab und gründete mit seinem Bruder eine Farbstoff-Firma.

Zu dieser Zeit konnten sich nur sehr reiche Leute bunte Kleider leisten. Farbstoffe wurden mühsam aus Pflanzen gewonnen und waren deshalb sehr teuer. Der Farbstoff Mauvein konnte künstlich hergestellt werden und war in der Herstellung billig. In seiner Fabrik konnte Perkin auch andere Farben billig herstellen. Darum konnten sich schon bald viele Leute bunte Kleider leisten.

Bild 4 William Perkin als junger Mann   **Bild 5** Kleid, das mit Mauvein gefärbt wurde

1 Welche der drei Zufallserfindungen findest du am wichtigsten?
   Diskutiere mit jemandem aus deiner Klasse.

2 Kennst du selbst zufällige Entdeckungen und Erfindungen? Tauscht euch aus.

3 **Weiterdenken**

   a Recherchiere im Internet über andere Zufallserfindungen.
     Die Toolbox hilft dir dabei (▶ **TB 22 Recherchieren**).

   b ↗ Schreibe auf, welche Zufallserfindungen du gefunden hast.

   c ↗ Beschreibe, was diese Erfindungen verändert haben.

   d Erzähle jemandem, was du herausgefunden hast.

Das Mikroskop

1 a Beschrifte die Abbildung. Verwende die Begriffe *Blende, Objektive, Okular, Grobtrieb, Feintrieb, Objekttisch, Objektivrevolver* und *Lampe*.
Du kannst dafür in der Toolbox nachschauen (▶ **TB 6 Mikroskopieren**).

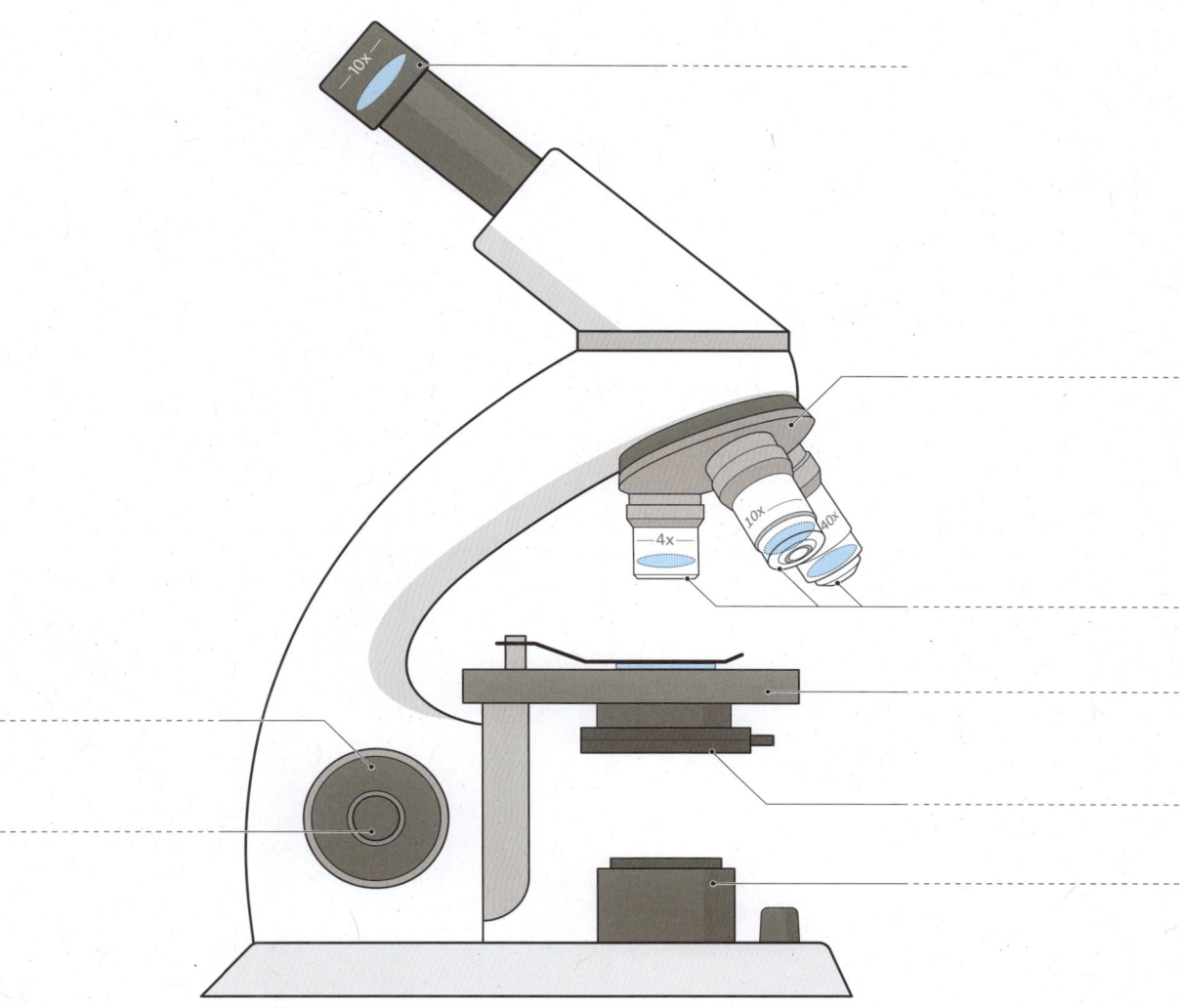

b Kreuze an, wofür die Mikroskopbestandteile benötigt werden.

	Blende	Objektiv	Okular	Grobtrieb	Feintrieb	Lampe
Vergrössern						
Belichten						
Scharfstellen						

c Wofür sind *Objektivrevolver* und *Objekttisch* da? Trage die Begriffe in die Lücken ein:

Der .... hält das zu untersuchende Objekt.

Der .... ermöglicht das Wählen von verschiedenen Vergrösserungen.

2 Du hast zwei verschiedene Mikroskope. Berechne jeweils die Gesamtvergrösserungen.

Mikroskop 1

		Objektive		
		4×	10×	100×
Okular	5×			

Mikroskop 2

		Objektive		
		4×	10×	40×
Okular	12×			

3 Lorenzo hat ein Haar unter dem Mikroskop mit der Gesamtvergrösserung «100×» betrachtet und davon ein Foto gemacht (Bild). Beim Fotografieren hat er nicht gezoomt.

a Wie dick ist sein Haar in Wirklichkeit? Schreibe deine Rechnung und dein Ergebnis auf.

....

b Wie schätzt du dein Ergebnis ein? Kann ein Haar so dick sein? Schreibe deine Überlegungen auf.

....

....

....

Phänomene in Zellen der Wasserpest beobachten

Das braucht ihr
— 1 Mikroskop
— 1 Objektträger
— 1 Pipette
— 1 Pinzette
— 1 Wasserpestblättchen
— 1 Deckglas
— Wasser

1 Erstellt ein Wasserpestpräparat. Geht dabei so vor:

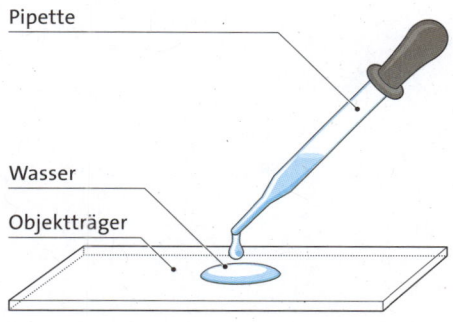

Bild 1 Nehmt einen Objektträger und gebt mit der Pipette ein bis zwei Wassertropfen darauf.

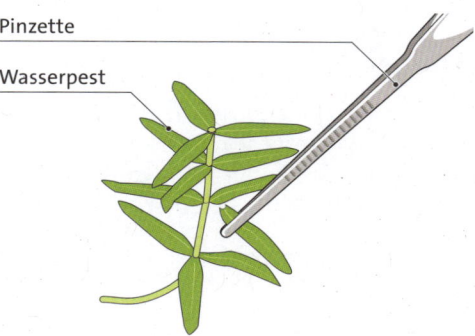

Bild 2 Nehmt mit der Pinzette ein Blättchen der Wasserpest.

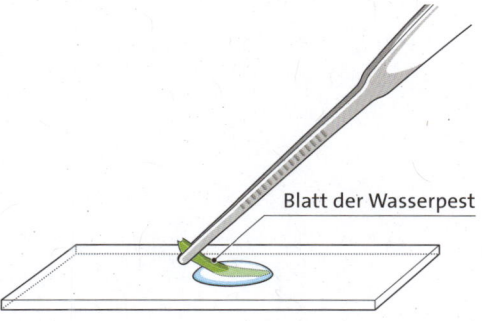

Bild 3 Legt das Blättchen in den Wassertropfen.

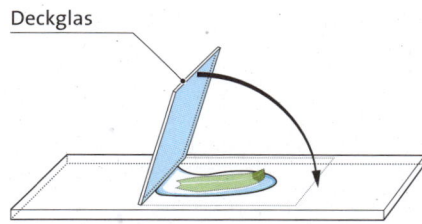

Bild 4 Setzt das Deckglas mit einer Seite auf den Objektträger und senkt es langsam ab. Es sollen möglichst keine Luftblasen unter dem Deckglas sein.

2 Stellt das Mikroskop ein. Geht dabei wie in der Toolbox beschrieben vor (▶TB 6 Mikroskopieren).

3 Beobachtet dieselbe Stelle des Wasserpestblättchens unter dem Mikroskop. Achtet auf Bewegungen der Blattgrünkörner.

4 a Tauscht euch in der Klasse über eure Beobachtungen aus:
 – Wo haben sich die Blattgrünkörner hauptsächlich bewegt?
 – Wie haben sie sich bewegt (eher schnell oder eher langsam?)?

b Schreibt eure Erkenntnisse auf.

....

....

 Beachtet

Entsorgt die Wasserpestblättchen im Abfall.
Die Wasserpest kann sich sehr schnell ausbreiten.
Daher sollten ihre Blättchen nicht im Lavabo hinuntergespült werden.

5 Weiterdenken

a Vergleicht eure Ergebnisse mit dem Film zu Plasmaströmungen in Wasserpestzellen (▶OM 1.6).

b Diskutiert, ob eure Erkenntnisse aus Auftrag 4 durch den Film bestätigt oder widerlegt werden und warum.

Phänomene in Zellen der Zwiebelhaut beobachten

Das braucht ihr
— 1 Mikroskop
— 1 Objektträger
— 1 Pipette
— 1 Pinzette
— 1 Skalpell oder 1 Rasierklinge
— 1 Stück rote Zwiebel
— Wasser
— Salz
— 1 Deckglas

1 Erstellt ein Zwiebelhautpräparat. Geht dabei so vor:

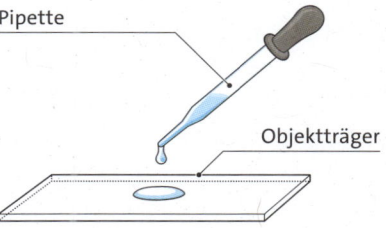

Bild 1 Nehmt einen Objektträger und gebt mit einer Pipette ein bis zwei Wassertropfen darauf.

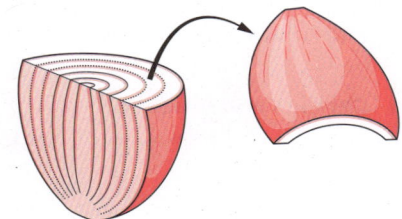

Bild 2 Nehmt ein Stück einer roten Zwiebel und trennt davon eine Schuppe ab.

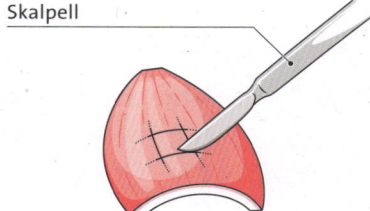

Bild 3 Ritzt bei einer rot gefärbten Stelle der Zwiebelschuppe mit einem Skalpell oder einer Rasierklinge ein kleines Quadrat ein.

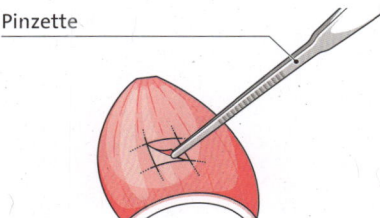

Bild 4 Zieht mit der Pinzette das dünne Hautstückchen ab.

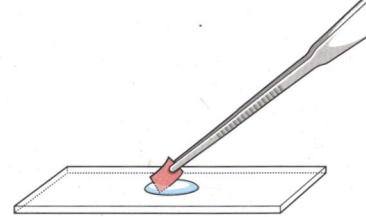

Bild 5 Legt das Hautstückchen in den Wassertropfen.

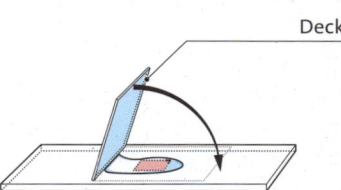

Bild 6 Setzt das Deckglas mit einer Seite auf den Objektträger und senkt es langsam ab. Es sollten möglichst keine Luftblasen unter dem Deckglas sein.

2 Stellt das Mikroskop ein. Geht dabei wie in der Toolbox beschrieben vor (▶TB 6 Mikroskopieren).

3 ↗ Erstellt eine naturwissenschaftliche Zeichnung von dem, was ihr unter dem Mikroskop seht. Geht dabei wie folgt vor:

a Schreibt den Titel «Zellen der Zwiebelhaut in Wasser» auf.

b Schreibt hinter dem Titel die verwendete Gesamtvergrösserung auf. Die Gesamtvergrösserung könnt ihr so berechnen: Gesamtvergrösserung = Okularvergrösserung · Objektivvergrösserung

c Erstellt nun eine naturwissenschaftliche Zeichnung von mindestens vier zusammenhängenden Zwiebelhautzellen. Zeichnet dafür gross genug, mit gespitztem Bleistift und gespitzten Farbstiften und macht deutliche Linien.

4 a Erstellt ein neues Zwiebelhautpräparat. Geht dabei gleich vor wie in Auftrag 1 beschrieben. Verwendet nun aber anstelle von Wasser Salzwasser.

b Legt euer Präparat unter das Mikroskop und stellt das Mikroskop ein.

5 ↗ Erstellt vom neuen Präparat eine naturwissenschaftliche Zeichnung.

a Schreibt den Titel «Zellen der Zwiebelhaut in Salzwasser» auf.

b Schreibt hinter dem Titel die verwendete Gesamtvergrösserung auf.
Wie man die Gesamtvergrösserung berechnet, seht ihr bei Auftrag 3.

c Zeichnet nun eine naturwissenschaftliche Zeichnung von mindestens vier zusammenhängenden Zellen. Zeichnet dafür gross genug, mit gespitztem Bleistift und gespitzten Farbstiften, und macht deutliche Linien.

6 Vergleicht eure naturwissenschaftlichen Zeichnungen aus den Aufträgen 3 und 5. Schreibt auf, welche Unterschiede ihr erkennen könnt.

7 Was könnte in den Zellen passiert sein? Versucht die Unterschiede von Auftrag 6 zu erklären.

8 ↗ **Weiterdenken**
Auf Strassen wird im Winter oft Salz gestreut. Viele Pflanzen, die am Rand der Strassen stehen, sterben dadurch ab und wachsen im Frühling nicht mehr. Versucht zu erklären, warum das so ist.

AM 1.8 N23 NATURWISSENSCHAFTEN ERKUNDEN

Samen erkunden

1 Erkunde den Aufbau eines Feuerbohnensamens. Nimm dafür einen gequollenen Feuerbohnensamen. Zerlege mit dem Skalpell und der Pinzette den Samen in folgende Bestandteile: Samenhaut, zwei Keimblätter und kleine Pflanze. Erstelle eine naturwissenschaftliche Zeichnung und beschrifte die Bestandteile (▶ **TB 14 Zeichnung erstellen**).

Das brauchst du
— 1 trockener Feuerbohnensamen
— 1 gequollener Feuerbohnensamen
— 1 Skalpell
— 1 Pinzette
— 1 Lineal
— 1 Waage
— 1 Glas Wasser
— 1 Glas oder Becher
— Watte

2 Vergleiche einen trockenen mit einem gequollenen Feuerbohnensamen.

a Nimm einen trockenen Feuerbohnensamen. Miss mit dem Lineal die Länge und bestimme mit der Waage die Masse.

Länge: _____

Masse: _____

b Lege nun denselben Feuerbohnensamen für einen Tag in ein Glas Wasser. Miss erneut die Länge und bestimme erneut die Masse.

Länge: _____

Masse: _____

⚠️ **Beachte**
Behalte deinen gequollenen Feuerbohnensamen, du brauchst ihn noch bei Auftrag 3.

c Vergleiche deine Ergebnisse von Auftrag 2a und Auftrag 2b. Beschreibe, was du feststellen kannst.

_____

_____

3 Beobachte die Entwicklungsschritte eines Feuerbohnensamens.

a Nimm dafür ein Glas oder einen Becher mit Watte.

b Nimm deinen gequollenen Feuerbohnensamen aus Auftrag 2b und pflanze ihn an den Glasrand (Bild).

c Halte die Watte feucht.

d Beobachte in den nächsten Tagen, wie dein Samen wächst. Lege dazu ein Beobachtungsprotokoll an. Dafür kannst du den Platz unten nutzen. Ein Beispiel für ein Beobachtungsprotokoll ist das ▶OM 1.7.

 Beachte

Damit sich der Feuerbohnensamen entwickeln kann, muss die Watte feucht sein. Der Feuerbohnensamen darf jedoch nicht im Wasser schwimmen, da er so nicht keimen und wachsen kann.

AM 1.9 N2

NATURWISSENSCHAFTEN ERKUNDEN

Keimungsexperimente mit Kressesamen

In ▶AM 1.7 habt ihr den Einfluss von Salz auf Zellen der Zwiebelhaut untersucht. Entdeckt nun, welche Auswirkung Salz auf die Entwicklung von Pflanzen hat.

Untersucht dafür zu zweit, ob Salz die Keimung und das Wachstum von Kressesamen beeinflusst.

Das braucht ihr
- 3 leere PET-Flaschen (0.5 l)
- 1 Kaffeelöffel
- 3 Schälchen
- Watte
- Wasser
- Salz
- Kressesamen

Fragen
Wie beeinflusst Salz die Keimung und Entwicklung von Kressesamen?

1 Vermuten
Überlegt, was die Antwort auf die Forschungsfrage sein könnte. Schreibt eure Vermutung auf.

Begründet eure Vermutung.

2 Planen
Wie könnt ihr mit den oben aufgeführten Materialien den Einfluss von Salz auf die Keimung und das Wachstum von Kressesamen untersuchen? Schreibt eure geplante Vorgehensweise auf.

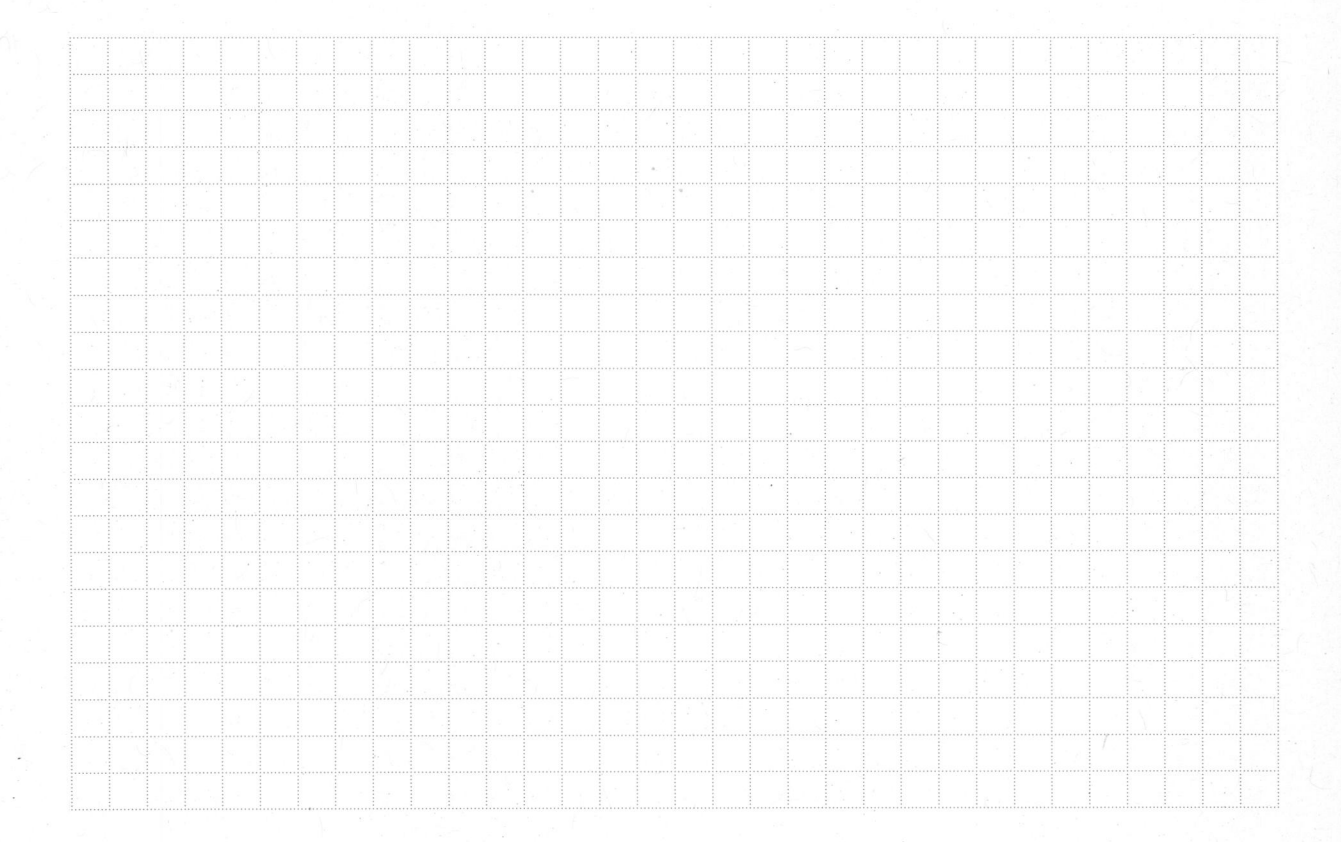

↗ 3 ◁ **Durchführen**

   a Vergleicht eure geplante Vorgehensweise mit den Tipps.
      Überarbeitet eure geplante Vorgehensweise wenn nötig.

   Tipp
   – Verwendet drei Schälchen und sät in diese Kressesamen aus.
   – Füllt die drei PET-Flaschen mit Wasser und
      unterschiedlich viel Salz. Schüttelt die PET-Flaschen,
      sodass sich das Salz auflösen kann.
   – Giesst die drei Schälchen regelmässig eine Woche lang
      mit den unterschiedlichen PET-Flaschen.

    **Beachtet**
   Gebt den Kressesamen nicht
   zu viel Wasser. Die Kressesamen dürfen nicht im Wasser
   schwimmen, sondern sie sollen
   nur auf feuchter Watte liegen.

   b Führt das Experiment durch. Beobachtet die Entwicklung
      der Kressesamen eine Woche lang.

4 ↗ ◁ **Darstellen**
   Haltet eure Beobachtungen in einem Beobachtungsprotokoll fest.
   Hilfe zum Beobachtungsprotokoll findet ihr in ▶OM 1.7.

5 ◁ **Auswerten**

   a War eure Vermutung richtig?

      ☐ Ja   ☐ Nein

   b Beantwortet die Forschungsfrage.

   ....
   ....

   c Beurteilt eure Vorgehensweise. Schreibt auf, was euch gut gelungen ist
      und was ihr bei einer nächsten Durchführung besser machen könntet.

   ....
   ....

6 ◁ **Berichten**
   Tauscht eure Vorgehensweisen und Ergebnisse in der Klasse aus.

7 ◁ **Weiterdenken**
   Im Winter wird oft Salz auf die Strassen gestreut, damit das Eis schmilzt und die Strassen
   nicht glatt sind.

   a Diskutiert und überlegt mit anderen aus der Klasse, welchen Einfluss
      das gestreute Salz im Winter auf die Pflanzen haben könnte.

   b Macht Vorschläge zu Alternativen, die man anstelle von Salz einsetzen könnte.

Wichtige Organe unseres Körpers

Darm, Gehirn, Herz, Leber, Lunge, Magen und Nieren sind wichtige Organe deines Körpers. Die Leber, die beiden Nieren und der Magen sind im unten stehenden Umriss des Menschen bereits eingezeichnet.

1 a Ergänze die fehlenden Organe.
– Platziere sie in dem Umrissbild möglichst genau dort, wo die Organe tatsächlich sind.
– Bedenke dabei: Organe können auch teilweise von anderen Organen verdeckt sein.

b Beschrifte alle eingezeichneten Organe.

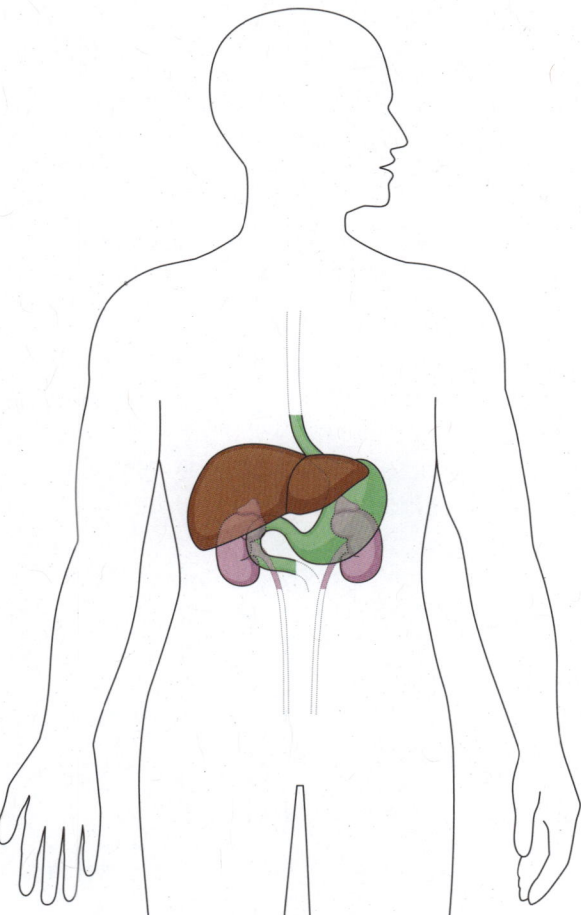

2 Kennst du noch weitere Organe? Zeichne sie ein.

AM 2.2 N2 DEN KÖRPER ANALYSIEREN

Welche Organe sind am wichtigsten?

1 Ordnet zu zweit die folgenden Organe: Darm, Gehirn, Herz, Leber, Lunge, Magen und Nieren.

An erster Stelle in eurer «Rangliste» sind die wichtigsten Organe. Das sind Organe, ohne die man nicht lange leben kann und die auch nicht durch Transplantation «ersetzt» werden können.

Organ-Rangliste:

1. .... 5. ....

2. .... 6. ....

3. .... 7. ....

4. ....

2 Welche Aufgaben erfüllen Darm, Leber, Magen und Nieren?

a Lest die Funktionsbeschreibungen (A, B, C, D).

b Ergänzt neben jeder Funktionsbeschreibung das passende Organ.

.... A **Vorverdauung:** Hier findet eine Zerkleinerung und Durchmischung der Nahrung statt. Zudem tötet hier eine Säure gefährliche Bakterien.

.... B **Ausscheidung:** Du hast zwei davon. Sie scheiden flüssigen Abfall durch den Urin aus. Sie sorgen auch für einen normalen Blutdruck.

.... C **Verdauung und Aufnahme:** In diesem über 5 Meter langen Organ wird die Nahrung chemisch in die einzelnen Nährstoffe zerlegt. Die Nährstoffe gelangen hier ins Blut.

.... D **Entgiftung:** Hier werden Giftstoffe unschädlich gemacht. Zudem stellt dieses Organ wichtige Säfte für die Verdauung her.

3 Schreibt zu Gehirn, Herz und Lunge selbst die wichtigsten Aufgaben in Stichworten auf.

Gehirn ....
....

Herz ....
....

Lunge ....
....

Aufgaben von Knochen: Mehr als nur Stützen

Das Bild zeigt: Jeder Teil des Knochens ist so gebaut, dass er eine bestimmte Aufgabe erfüllt. Dieses Zusammenspiel von Bau und Funktion findest du in der Natur immer wieder.

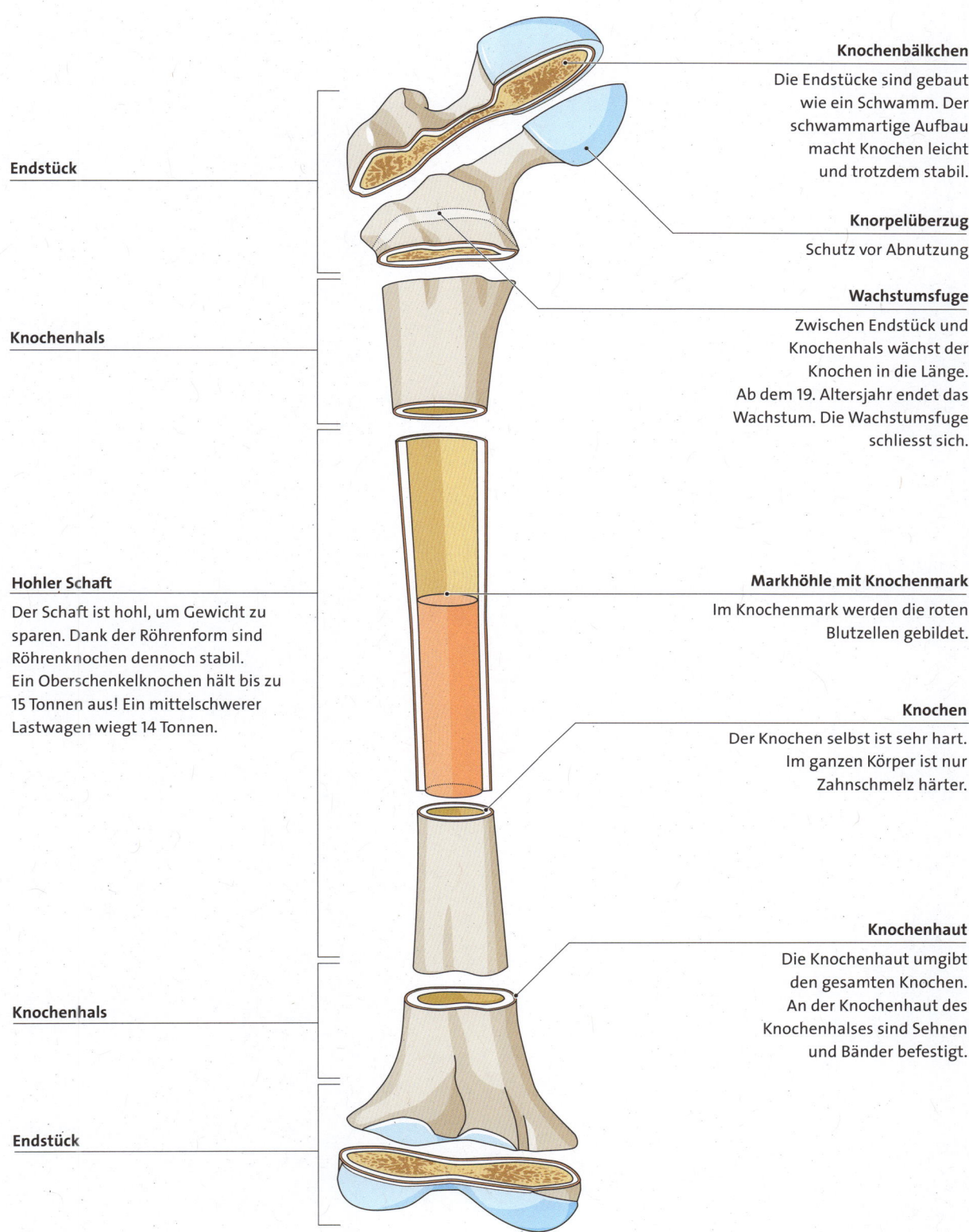

Endstück

Knochenhals

Hohler Schaft
Der Schaft ist hohl, um Gewicht zu sparen. Dank der Röhrenform sind Röhrenknochen dennoch stabil. Ein Oberschenkelknochen hält bis zu 15 Tonnen aus! Ein mittelschwerer Lastwagen wiegt 14 Tonnen.

Knochenhals

Endstück

Knochenbälkchen
Die Endstücke sind gebaut wie ein Schwamm. Der schwammartige Aufbau macht Knochen leicht und trotzdem stabil.

Knorpelüberzug
Schutz vor Abnutzung

Wachstumsfuge
Zwischen Endstück und Knochenhals wächst der Knochen in die Länge. Ab dem 19. Altersjahr endet das Wachstum. Die Wachstumsfuge schliesst sich.

Markhöhle mit Knochenmark
Im Knochenmark werden die roten Blutzellen gebildet.

Knochen
Der Knochen selbst ist sehr hart. Im ganzen Körper ist nur Zahnschmelz härter.

Knochenhaut
Die Knochenhaut umgibt den gesamten Knochen. An der Knochenhaut des Knochenhalses sind Sehnen und Bänder befestigt.

1 Betrachte das Bild auf der Vorderseite genau und lies die Bildbeschriftungen.

2 Die langen Knochen deines Körpers sind gebaut wie Röhren. Solche Röhrenknochen haben verschiedene Aufgaben. Ordne zu, welche Teile des Röhrenknochens die folgenden Aufgaben übernehmen.

Beispiel Die Endstücke bilden einen Teil des Gelenks. Sie sind also an der Bewegung beteiligt.

Bewegung

Längenwachstum

Bildung von Blutzellen

Stabilität

AM 2.4 N12   DEN KÖRPER ANALYSIEREN

Wenn Gegenspieler zusammenspielen: Modell des Ellenbogengelenks

Baut zu zweit ein einfaches Modell des Ellenbogengelenks und der Muskeln, die für das Beugen und Strecken des Arms zuständig sind. Bei den Knochen könnt ihr die beiden Unterarmknochen (Speiche und Elle) zu einem Knochen zusammenfassen.

Das braucht ihr
- 2 Holzlatten (ca. 0.5 cm × 3 cm × 20 cm)
- 1 Scharnier
- 6 Schrauben
- 1 Schraubendreher
- 2 Luftballone
- Vogelsand zum Füllen der Ballone
- Schnur
- Schere

1 Planung

Zuerst müsst ihr das Modell planen.

a Lest in Unterkapitel 2.2 des Grundlagenbuchs die beiden Abschnitte «Gelenke brauchen wir, um uns zu bewegen» und «Muskeln funktionieren nach dem Gegenspielerprinzip».

b Betrachtet dann das zur Verfügung stehende Material. Überlegt, wie ein Modell des Ellenbogengelenks aussehen könnte.

c Fertigt zunächst nur eine Skizze eures Modells an.

d Beschriftet in der Skizze die folgenden Teile:
- Oberarmknochen
- Unterarmknochen
- Muskel zum Beugen
- Muskel zum Strecken
- Ellenbogen

2 Austausch und Begutachtung der Planungsideen

a Tauscht eure Planungsskizze mit einer anderen Gruppe aus.

b Prüft die Skizze der anderen Gruppe. Beantwortet dann folgende Fragen:
- Reichen die Muskeln über das Gelenk hinaus? Dies ist wichtig. Denn eine Bewegung kann nur stattfinden, wenn ein Muskel vom ersten Knochen über das Gelenk am zweiten Knochen befestigt ist.
- Sind die Muskeln an sinnvollen Stellen mit den Knochen verbunden? Prüft an den Muskeln eures eigenen Ellbogens.

c Besprecht eure Ergebnisse mit der anderen Gruppe.

d Kreist in eurer eigenen Planungsskizze mögliche Fehler ein.

e Erstellt eine verbesserte Skizze von eurer Planung.

f Schreibt in Stichworten auf, was ihr am Modell verbessert habt.

3 Bau des Modells
Baut mithilfe der verbesserten Planungsskizze euer Modell des Ellenbogengelenks.

4 Wie gut ist euer Modell?
Bewertet euer Modell mithilfe der Checkliste aus ▶ **TB 25 Modelle nutzen**.

DEN KÖRPER ANALYSIEREN

Beim Gehen spielen viele Muskeln zusammen

1 Beim Gehen sind Hüftgelenk, Kniegelenk und Fussgelenk beteiligt.
Das Standbein bleibt dabei auf dem Boden. Das Schwungbein wird nach vorne bewegt.

a Überlege mithilfe der Abbildung: Was machen welche Muskeln beim Standbein?
Was passiert beim Schwungbein?

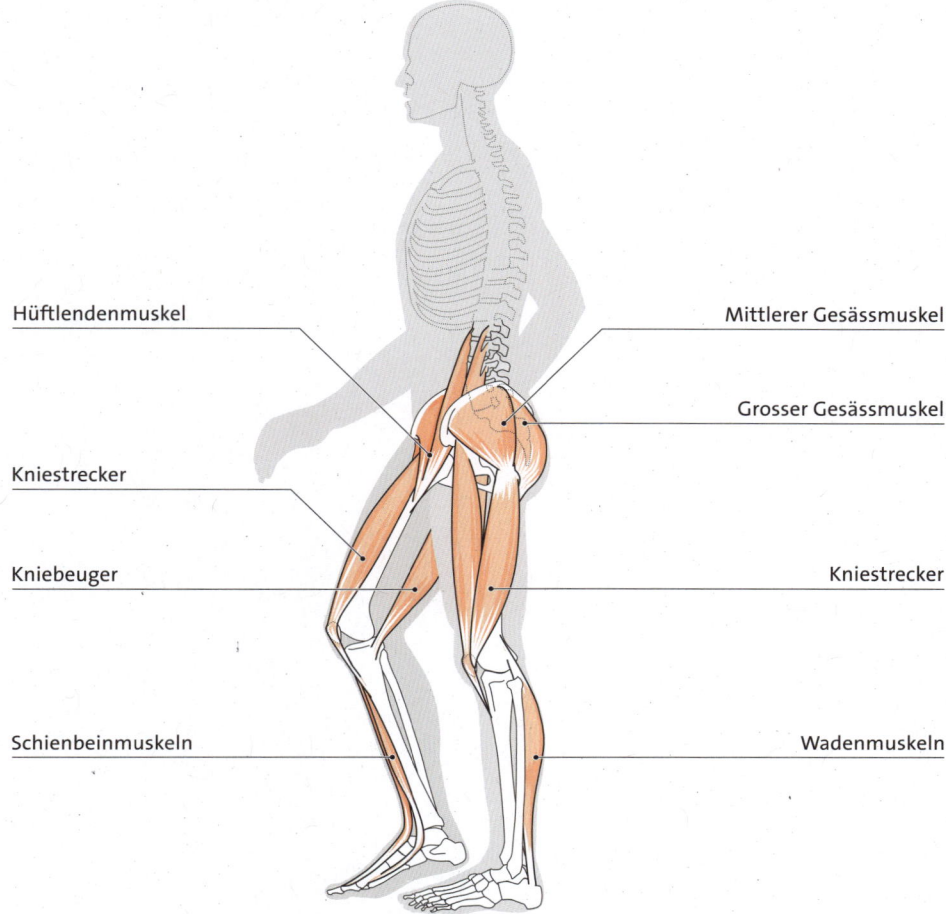

b Schreibe die aktiven Muskeln beim Schwungbein auf.

....

....

....

c Schreibe die aktiven Muskeln beim Standbein auf.

....

....

Tipp Ertaste an dir selbst am Schwungbein und am Standbein:
Welche Muskeln werden angespannt, wenn du langsame Gehbewegungen ausführst?

Gut zu wissen

– Wenn du trainierst, dann werden nicht mehr Muskelfasern gebildet. Es werden mehr Muskelproteine gebildet. Dadurch vergrössert sich der Umfang deiner Muskelfasern.
– Damit dein Training wirkt, musst du dich auch richtig ernähren. Wenn dein Körper zum Beispiel keine Proteine bekommt, kann er auch keine neuen Muskelproteine bilden. Im Gegenteil: Er baut sie sogar ab.

2 Weiteres Bewegungsbeispiel: Bücken

a Markiere die entspannten Muskeln blau und die angespannten Muskeln rot.

b Kennzeichne Gegenspieler-Muskeln. Bezeichne dazu die zusammengehörenden Paare mit den Zahlen 1 bis 4.

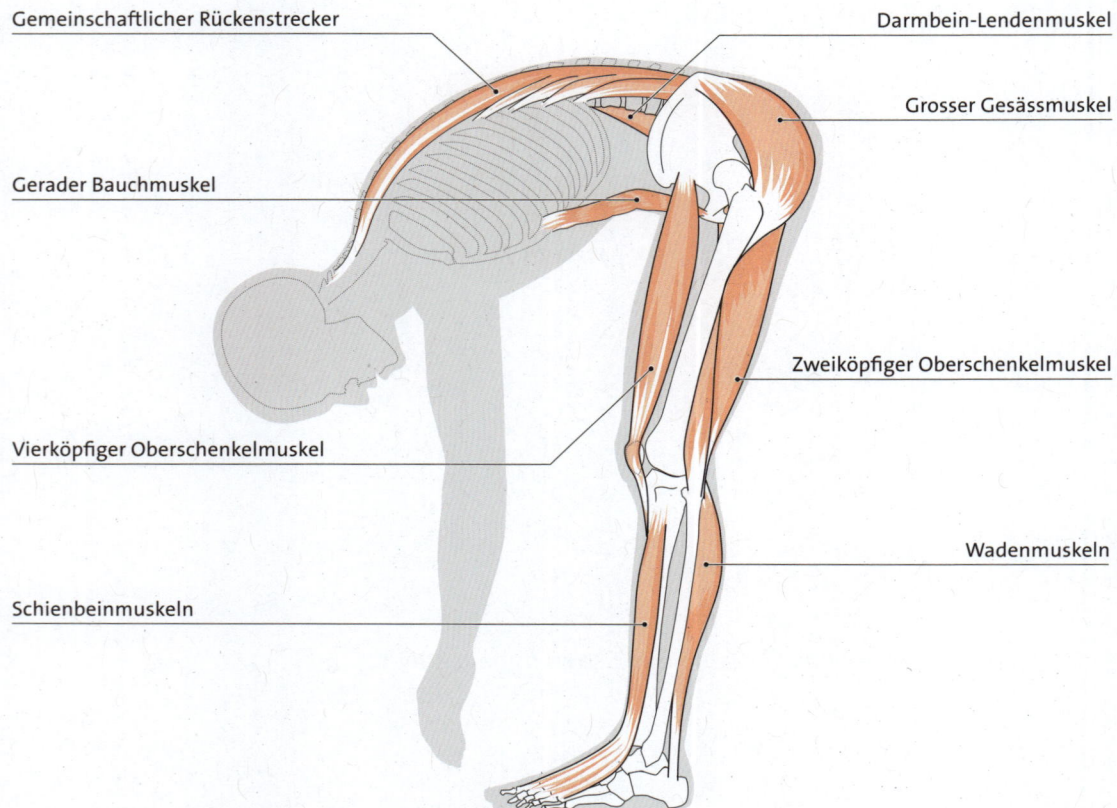

Was aus der Luft brauchen wir?

Luft ist nicht nichts. Sonst könntest du den Velopneu nicht pumpen oder du würdest den Wind nicht spüren. Luft ist ein Gemisch aus verschiedenen gasförmigen Stoffen. Bild 1 zeigt die wichtigsten Bestandteile der Luft.

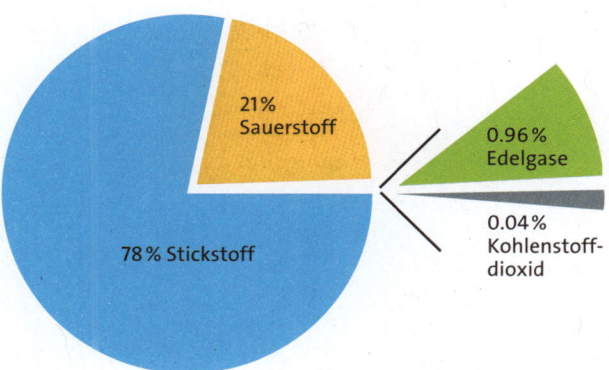

Bild Bestandteile der Luft

1 Beantworte mithilfe des Bildes die folgenden Fragen.

a Welcher gasförmige Stoff macht den grössten Anteil der Luft aus?

b Welcher gasförmige Stoff der Luft spielt für uns Menschen und für viele Lebewesen eine wichtige Rolle?

c Wie viele Prozente der Luft macht dieser gasförmige Stoff aus?

2 Einatmungsluft und Ausatmungsluft

Die Luft, die wir einatmen, ist nicht gleich zusammengesetzt wie die Luft, die wir ausatmen.

Die folgende Tabelle zeigt, wie die Einatmungsluft und die Ausatmungsluft zusammengesetzt sind.

Einatmungsluft	Gas	Ausatmungsluft
78 %	Stickstoff	78 %
21 %	Sauerstoff	17 %
0.04 %	Kohlenstoffdioxid	4 %
0.96 %	Edelgase	0.96 %

a Nenne die Unterschiede zwischen der Einatmungsluft und der Ausatmungsluft.

b Suche nach einer Erklärung für die gefundenen Unterschiede.
Schreibe deine Antwort in wenigen Sätzen auf.

Tipp Lies im Grundlagenbuch in Unterkapitel 2.3 noch einmal die Absätze
«Weshalb stirbt man, wenn man nicht atmet?»
und «Stoffumwandlung: Was passiert in den Zellen?».

AM 2.7 N23   DEN KÖRPER ANALYSIEREN

Sauerstoff und Kohlenstoffdioxid – zwei wichtige Gase

Einem Gas sieht man oft nicht an, aus welchen Bestandteilen es besteht. Deshalb ist es hilfreich, wenn du wichtige Gase mit einem geeigneten Verfahren nachweisen kannst. Deine Lehrerin oder dein Lehrer hat dir mit Demonstrationsversuchen Nachweisverfahren für die beiden Gase Sauerstoff und Kohlenstoffdioxid gezeigt.

Unten sind diese beiden Nachweisverfahren unvollständig beschrieben.

1 Nachweisverfahren für Sauerstoff: Die Glimmspanprobe

a Wie ist das Vorgehen? Ergänze die Lücken.

Vorgehen:

1 .... zum Glimmen bringen.

2 Den glimmenden .... in das zu untersuchende Gas halten.

b Erstelle eine Skizze zur Vorgehensweise.

Skizze:

c Ergänze den Merksatz.

Merksatz
Wenn der Holzspan ...., enthält das Gas viel ....

2 Nachweisverfahren für Kohlenstoffdioxid: Die Kalkwasserprobe

a Wie ist das Vorgehen? Ergänze die Lücken.

Vorgehen:

1 Etwas .... in das Becherglas geben.

2 Das zu untersuchende Gas in das .... leiten.

b Erstelle eine Skizze zur Vorgehensweise.

Skizze:

c Ergänze den Merksatz.

Merksatz
Wird das .... trübe, enthält das Gas ....

AM 2.8 N2   DEN KÖRPER ANALYSIEREN

Untersuchung der Atemgase mit der Kalkwasserprobe

Mit diesem Versuch untersucht ihr den Gehalt an Kohlenstoffdioxid in der Einatmungsluft und der Ausatmungsluft.

Das braucht ihr
- 3 Gaswaschflaschen
- 3 kurze und 3 lange gebogene Glasrohre
- 1 Drei-Wege-Hahn
- Gummischläuche
- 3–4 Mundstücke

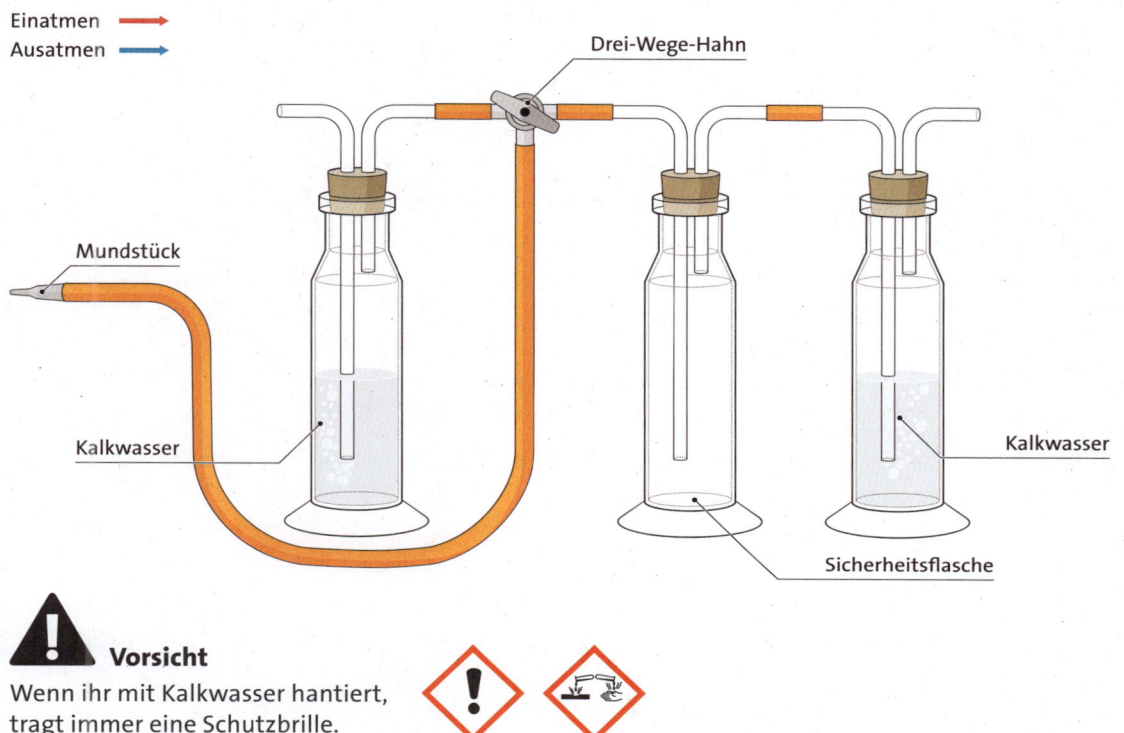

Vorsicht
Wenn ihr mit Kalkwasser hantiert, tragt immer eine Schutzbrille.

1 Bevor ihr mit dem Versuch loslegt: Betrachtet das Bild genau. Beantwortet dann die folgenden Fragen.

a Welchen Weg nimmt die Einatmungsluft? Welchen Weg nimmt die Ausatmungsluft? Zeichnet den Weg der Luft mit Pfeilen in das Bild ein. Benutzt für den Weg der Einatmungsluft einen roten Farbstift, für die Ausatmungsluft einen blauen Farbstift.

b Beschreibt, wozu die Sicherheitsflasche nötig ist.

c Erklärt die Funktion des Drei-Wege-Hahns.

2 ⊲ Vermuten
Was passiert in den beiden Flaschen mit Kalkwasser?
Begründet eure Vermutung in Stichworten.

Tipp Vielleicht hilft euch die Tabelle von ▶AM 2.6.

....

....

3 ⊲ Durchführen

a Baut die Apparatur wie abgebildet auf.

b Wenn ihr damit fertig seid, lasst die Apparatur durch eure Lehrerin oder euren Lehrer kontrollieren.

c Stellt den Drei-Wege-Hahn für die Einatmung ein.

d Eine oder einer von euch soll danach tief durch das Mundstück einatmen. Halte nach dem Einatmen die Luft an!

e Stellt den Drei-Wege-Hahn zum Ausatmen um. Erst jetzt durch das Mundstück ausatmen!

f Führt auf diese Weise mindestens 10 Atemzüge durch.

4 ⊲ Darstellen
Ergänzt das Bild auf der Vorderseite mit euren Beobachtungen.

5 ⊲ Auswerten
Vergleicht das Ergebnis mit eurer Vermutung. Was könnt ihr mit diesem Versuch zeigen?

Tipp Vielleicht hilft euch die Tabelle von ▶AM 2.6.

....

....

....

....

AM 2.9 N2 DEN KÖRPER ANALYSIEREN

Ein Lungenmodell bauen

1 Baut zu zweit mit dem vorhandenen Material das abgebildete Modell der Lunge.

Das braucht ihr
— 1 PET-Flasche (1.5 l)
— 1 Trinkhalm
— 3 Luftballone
— 2 Gummis
— Plastilin oder Knete
— 1 Cutter oder 1 Schere

2 Was ist was in eurem Lungenmodell?

Vergleicht zu zweit das Lungenmodell mit dem menschlichen Körper:

a Benennt die Teile des Lungenmodells mit den richtigen Begriffen. Schreibt die Begriffe direkt im Bild dazu.

Tipp Schaut im Grundlagenbuch in Unterkapitel 2.4 bei Bild 1 nach.

b Testet euer Modell aus: Zieht dazu am unteren Ballon (im Bild blau). Beobachtet, was mit den zwei oberen Ballonen (im Bild rot) geschieht. Beschreibt in Stichworten, was im Modell passiert.

....

....

....

c Um welche der beiden Arten der Atmung handelt es sich: Um Brustatmung oder Bauchatmung (▶OM 2.8)? Begründet in einem Satz.

....

....

3 Wie gut ist euer Lungenmodell?

Beantwortet die folgenden Fragen in kurzen Sätzen. ▶**TB 25 Modelle nutzen** hilft euch dabei.

a Was an eurem Lungenmodell stimmt mit dem Original überein? Was nicht?

b Welche Vorgänge könnt ihr mit eurem Lungenmodell zeigen und welche nicht?

c Wie könnte euer Lungenmodell verbessert werden?

AM 2.10 N2 — DEN KÖRPER ANALYSIEREN

Blut – mehr als nur eine rote Flüssigkeit

Um die verschiedenen Bestandteile des Bluts sichtbar zu machen, darf das Blut nicht gerinnen. Die Gerinnung des Bluts kann man verhindern, indem ein bestimmtes Salz ins Blut gegeben wird. Lässt man Blut mit diesem Salz stehen, werden einige der Bestandteile des Bluts sichtbar. Solches Blut hat deine Lehrerin oder dein Lehrer für dich vorbereitet. Das Ergebnis siehst du im folgenden Bild.

1 Vervollständige die Beschriftung. Ergänze möglichst alle Bestandteile, die im Grundlagenbuch in Unterkapitel 2.5 erwähnt werden.

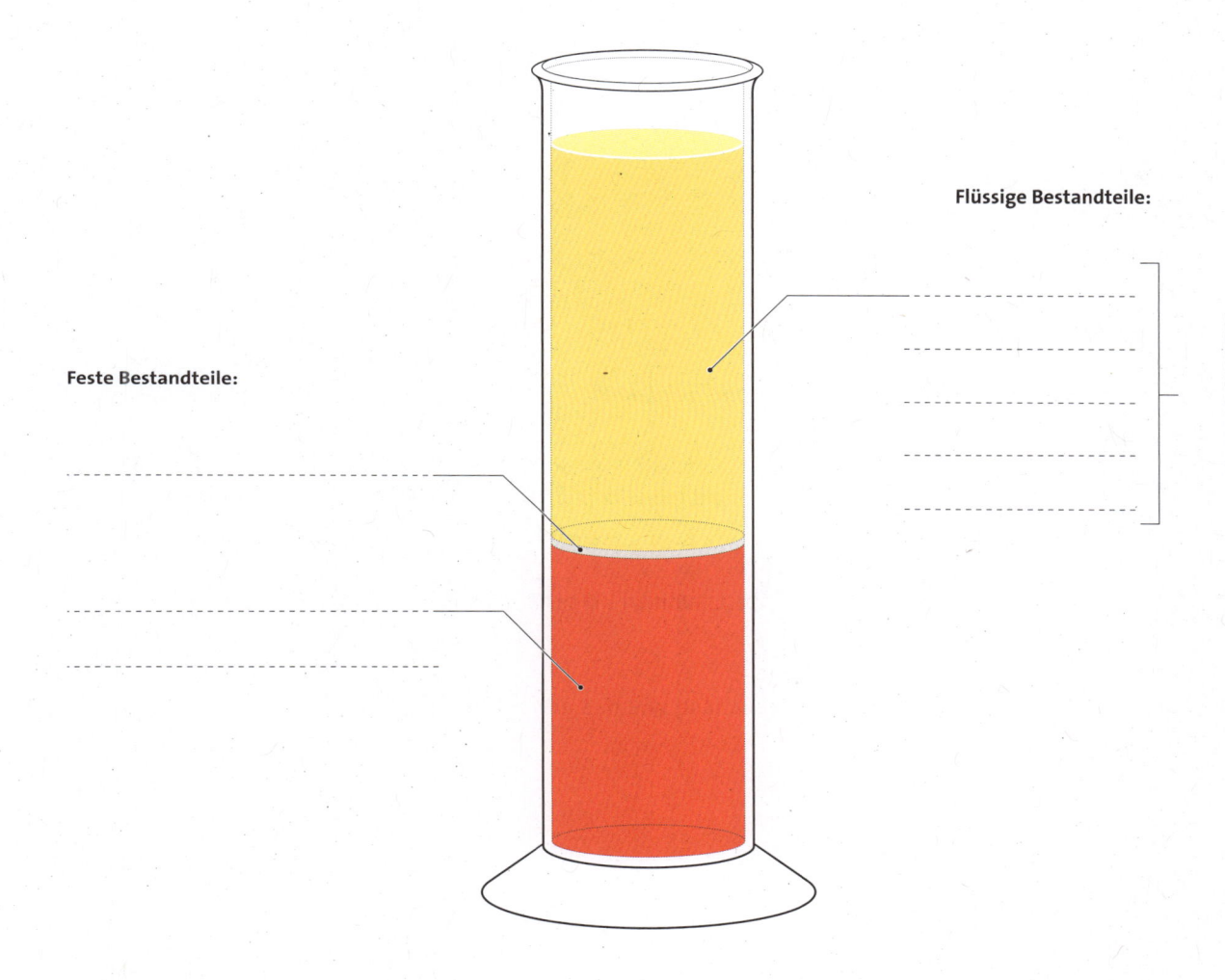

Feste Bestandteile:

Flüssige Bestandteile:

AM 2.11 N123 DEN KÖRPER ANALYSIEREN

Blut unter dem Mikroskop

1 Einen Blutausstrich herstellen

a Lege einen Objektträger vor dich hin.

b Gib mit der Pipette 1–2 Tropfen Blut darauf.

c Lege die schmale Kante des zweiten Objektträgers an den Bluttropfen. Warte, bis sich das Blut entlang der Glaskante verteilt hat.

d Drücke den Objektträger mit dem Blut nach links und verstreiche so den Tropfen.

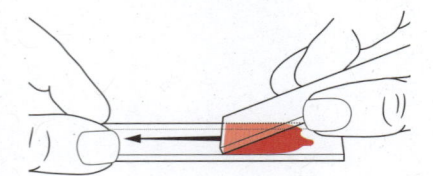

Das brauchst du
– 1 Mikroskop
– 2 Objektträger
– 1 Pipette
– 1 kleine Glasschale mit Blut

⚠ Vorsicht

Blut kann Krankheitserreger enthalten. Vermeide direkten Kontakt mit Blut.

2 Den Blutausstrich betrachten und zeichnen

a Lege den Blutausstrich unter das Mikroskop.
Falls du dir nicht mehr sicher bist, wie das genau geht: ▶**TB 6 Mikroskopieren**.

b Betrachte den Blutausstrich.
Falls du nicht mehr sicher bist, worauf du achten musst: ▶**TB 5 Beobachten**.

c Zeichne den Blutausstrich.
Falls du nicht mehr genau weisst, wie das geht: ▶**TB 14 Zeichnung erstellen**.

Herz: Da ist etwas durcheinandergeraten!

1 Alle paar Sekunden schlägt dein Herz. Aber wie ist das Herz eigentlich genau aufgebaut? Hier siehst du schematisch verschiedene Herzen im Querschnitt gezeichnet. Welches ist am ehesten so aufgebaut wie ein richtiges Herz?

Begründe deine Wahl in Stichworten.

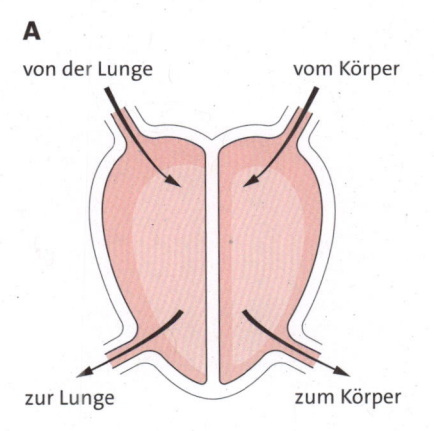

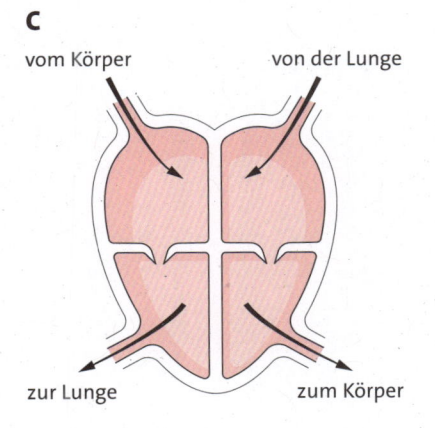

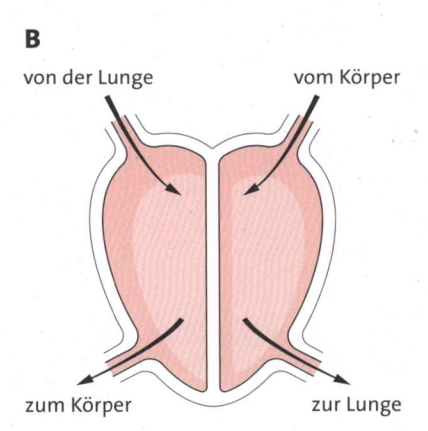

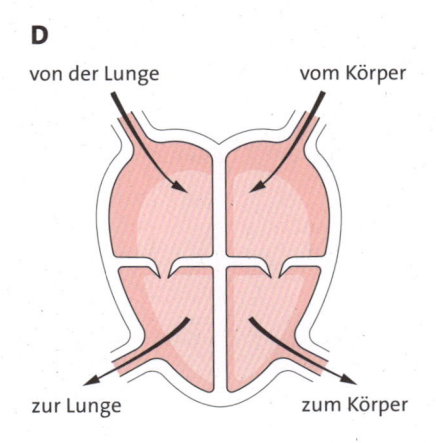

....
....
....
....
....
....

A von der Lunge / vom Körper → zur Lunge / zum Körper

B von der Lunge / vom Körper → zum Körper / zur Lunge

C vom Körper / von der Lunge → zur Lunge / zum Körper

D von der Lunge / vom Körper → zur Lunge / zum Körper

2 Vergleiche diese Skizzen mit Infografik 5 in Unterkapitel 2.6 des Grundlagenbuchs:

a In wie viele Bereiche ist das Herz unterteilt?

....

b Wie sind die Blutgefässe angeordnet? Beschreibe die Unterschiede von Infografik 5 zu den Skizzen.

....

....

....

c Gibt es [Symbol] auch in der Infografik im Grundlagenbuch? Vermute und schreibe auf, was das sein könnte.

....

....

....

AM 2.13 N2

DEN KÖRPER ANALYSIEREN

Stofftransport:
Wir haben mehr als einen Blutkreislauf

Im Grundlagenbuch siehst du eine vereinfachte Darstellung der beiden Blutkreisläufe (Unterkapitel 2.6, Bild 1). Das Bild auf der Rückseite zeigt eine Variante der Blutkreisläufe.

1 Verschaffe dir einen Überblick über das Bild: Wo ist das Herz?
Was bedeuten die vielen fein verzweigten Verästelungen?

2 Überall, wo sich auf dem Bild die Blutgefässe in feine Äste aufteilen, sind lebenswichtige Organe. Ganz unten im Bild ist symbolisch die Blutversorgung aller Muskeln dargestellt.
Beschrifte die folgenden Organe: Herz, Lunge, Gehirn, Leber, Niere (nur eine eingezeichnet), Magen und Darm.

Tipp Zu Beginn dieses Kapitels hast du ▶AM 2.1 mit lebenswichtigen Organen bearbeitet. Nimm es zu Hilfe.

3 Zeichne mit Pfeilen die Fliessrichtung des Bluts ein.

4 Male die Blutgefässe aus. Verwende die folgenden Farben:

Rot = Blut mit viel Sauerstoff
Blau = Blut mit wenig Sauerstoff

5 Es gibt den Lungenkreislauf und den Körperkreislauf.
Haben wir tatsächlich zwei unterschiedliche geschlossene Blutkreisläufe?
Begründe deine Antwort in wenigen Sätzen.

NaTech 7 © Lehrmittelverlag Zürich

Muskeln und übrige Organe

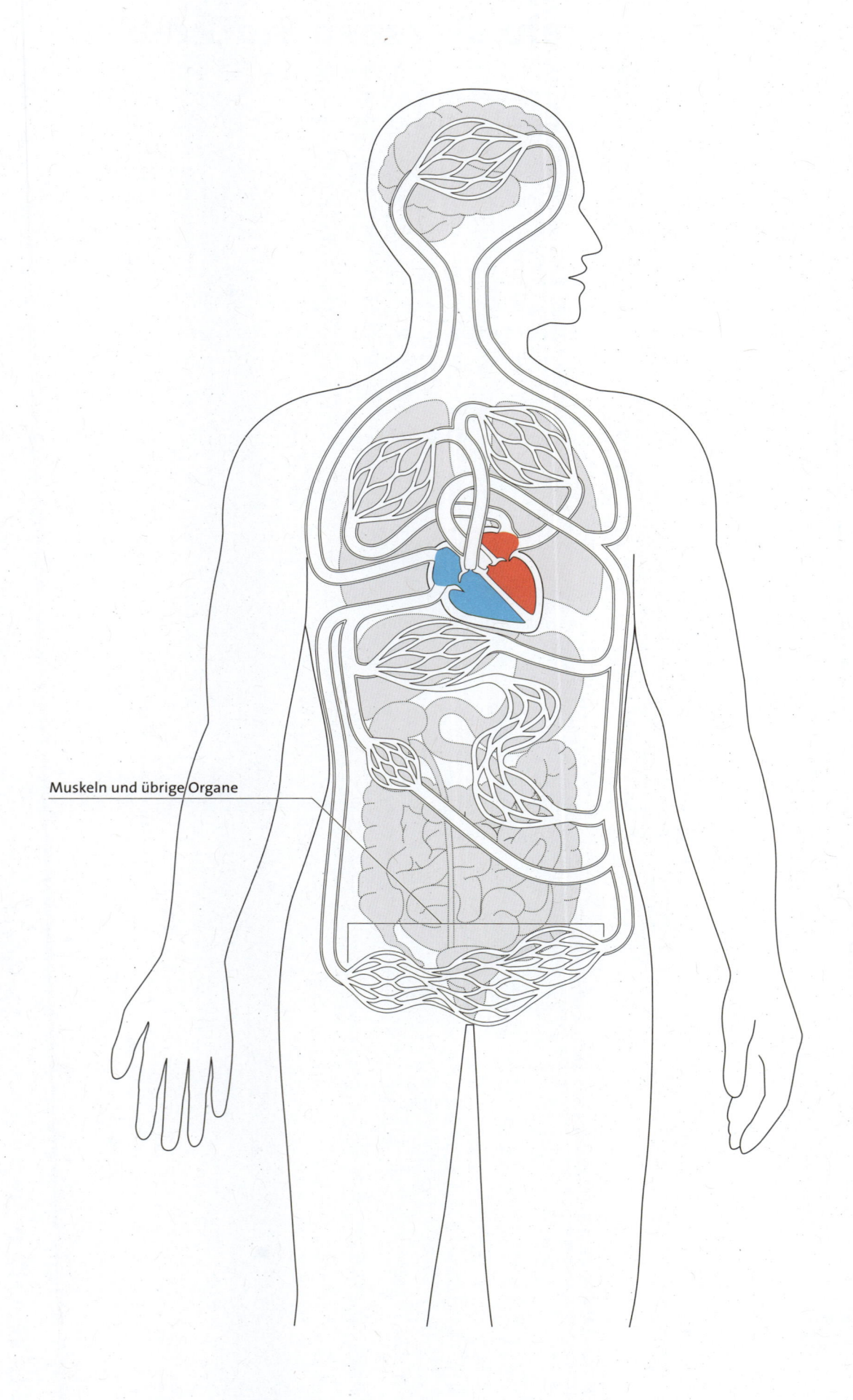

AM 2.14 N23 DEN KÖRPER ANALYSIEREN

Wie kommt es zum Herzinfarkt und was kann man dagegen machen?

1 Lies den Steckbrief des Herzinfarkts auf ▶OM 2.15.

2 Nenne fünf beeinflussbare Faktoren, die zu einem Herzinfarkt führen könnten.

3 Nenne drei nicht beeinflussbare Faktoren, die zu einem Herzinfarkt führen könnten.

4 Nenne vier Möglichkeiten, einem Herzinfarkt vorzubeugen.

5 Erkläre jemandem aus deiner Klasse in deinen eigenen Worten:

a Was erhöht die Gefahr, einen Herzinfarkt zu bekommen?

b Wie kannst du bereits in deinem Alter gegen einen Herzinfarkt vorbeugen?

Hier kannst du Notizen machen:

AM 2.15 N23 DEN KÖRPER ANALYSIEREN

Fragen zu den Entsorgungssystemen des Körpers

1 Was weisst du über Lunge, Darm, Nieren und Leber?

Schreibe deine Vermutungen mit Bleistift auf.

a Welche Stoffe werden über die Lunge abgegeben?

b Was machen Bakterien im Dickdarm? Machen uns solche Bakterien nicht krank?

c Weshalb ist der Urin nicht immer gleich gelb gefärbt?

d Was haben die Nieren mit Durst und mit Blutdruck zu tun?

e Wie kann die Leber, unsere Entgiftungsstation, selbst vergiftet werden?

2 Lies nun Unterkapitel 2.8 im Grundlagenbuch. Stimmten deine Vermutungen? Korrigiere falls nötig deine Vermutungen.

Die Verhütungsmethoden im Überblick

Die Tabelle gibt einen Überblick über die vier häufigsten Arten der Verhütung. Innerhalb einer Art der Verhütung sind die Wirkungsweisen der Verhütungsmethoden ungefähr ähnlich.

1 a Wie wird verhindert, dass es zu einer Befruchtung kommt?
Schreibe mit Bleistift bei jeder Art der Verhütung in der linken Spalte deine Ideen auf. Eine Wirkungsweise ist schon ausgefüllt.

b Trage in der rechten Spalte ein, für wie sicher du die Verhütungsmethode hältst.

c Schaue nach dem Bearbeiten von ▶AM 2.17 deine Schätzungen noch einmal an. Korrigiere deine Schätzungen.

Vier Arten der Verhütung	Beispiele	Sicherheit 1 = sehr sicher 10 = sehr unsicher	
		Meine Schätzung	Jetzt weiss ich es
1 Natürlich Wirkungsweise: *Ermittlung der fruchtbaren und unfruchtbaren Tage im Monatszyklus der Frau. Dann Sex nur an den unfruchtbaren Tagen.*	Temperaturmessung bei der Frau		
	Kalendermethoden (Knaus-Ogino)		
2 Mechanisch, Barriere Wirkungsweise:	Kondom		
	Femidom (Kondom für Frauen)		
	Zurückziehen des Penis vor Ejakulation (Coitus interruptus)		
	Diaphragma, Portiokappe		
	Kupferspirale oder Kupferkette		
	Sterilisation		

Arten der Verhütung	Beispiele	Sicherheit 1 = sehr sicher 10 = sehr unsicher	
		Meine Schätzung	Jetzt weiss ich es
3 Hormonell Wirkungsweise:	Pille, Mini-Pille		
	Hormonpflaster, Hormonstäbchen		
	Vaginalring		
	Hormonspirale		
	Hormonimplantat		
4 Chemisch Wirkungsweise:	Salben, Cremes		
	Gels		
	Zäpfchen		
Notfall (bis maximal 3 Tage nach dem Sex) Wirkungsweise:	Pille danach (Wenn es schon zu spät ist: Jemand hatte bereits Geschlechtsverkehr und befürchtet, schwanger zu werden.)		

Verhütung, gewusst wie!

1 Wähle eine Verhütungsmethode aus der Spalte «Beispiele» von ▶AM 2.16.
Wie funktioniert diese Verhütungsmethode genau? Recherchiere im Internet.
Deine Lehrerin oder dein Lehrer gibt dir gute Internetadressen an.

2 Suche nach Antworten zu folgenden Fragen.

a Wirkungsweise:
Wie verhindert deine Methode eine Schwangerschaft?

b Anwendung:
Was muss mit deinem Verhütungsmittel genau gemacht werden,
damit es nicht zu einer Schwangerschaft kommt?

c Sicherheit:
Wie sicher verhindert deine Methode eine Schwangerschaft?

d Vorteile:
Was an deiner Methode findest du gut, besonders praktisch oder einfach?

e Nachteile:
Was an deiner Methode findest du negativ, mühsam, allenfalls sogar gefährlich?

f Beschaffung und Preis:
Wie und wo kann man dein Verhütungsmittel bekommen?
Wie teuer ist es?

3 Gute Internetseiten zu Verhütungsmethoden
Bei deiner Recherche hast du verschiedene Internetseiten benutzt.
Schreibe hier die Adressen von zwei bis drei Internetseiten auf,
die du besonders hilfreich findest.

....

....

....

4 ↗ Informationsblatt für Jugendliche in deinem Alter
Erstelle mit den Antworten ein Informationsblatt für Jugendliche in deinem Alter.
Dein Informationsblatt soll mindestens zwei passende Bilder enthalten.
Gestalte es attraktiv, sodass es Jugendliche gerne lesen würden.
Die Checkliste von ▶TB 18 Schriftlich präsentieren hilft dir dabei.

AM 2.18 N123   DEN KÖRPER ANALYSIEREN

Wahl eines Verhütungsmittels

Wenn es so weit ist und du verhüten möchtest: Welches Verhütungsmittel würdest du wählen? Die folgende Checkliste kann dir bei der Auswahl helfen.

Für ▶AM 2.17 hast du von deiner Lehrerin oder deinem Lehrer gute Internetadressen erhalten. Diese Internetseiten helfen dir vielleicht beim Ausfüllen der Checkliste:

	Fragen	Meine Antworten
Sicherheit	Welche Methoden finde ich sicher genug?	
	Gibt es Verhütungsmittel, die gleichzeitig auch vor sexuell übertragbaren Krankheiten schützen?	
Beschaffungsmöglichkeiten und Preis	Welche Verhütungsmittel kann ich einfach besorgen?	
	Bei welchen Verhütungsmitteln muss ich meine Ärztin oder meinen Arzt fragen?	
	Wie viel kosten die verschiedenen Verhütungsmittel ungefähr im Monat?	
	Wie viel Geld will ich für Verhütung ausgeben?	
Anwendung und Nebenwirkungen	Welche Methoden scheinen mir einfach in der Anwendung?	
	Gibt es Methoden, die mir peinlich wären?	
	Gibt es Methoden, die mir unangenehm wären?	
	Welche Methoden haben die geringsten Nebenwirkungen für mich?	

Einbezug der Partnerin / des Partners	Möchte ich allein die Verantwortung für die Verhütung übernehmen?	
	Möchte ich die Verantwortung für die Verhütung meiner Partnerin / meinem Partner überlassen?	
	Ist es mir wichtig, dass wir die Verhütung gemeinsam als Paar festlegen?	

Für folgende Verhütungsmittel würde ich mich entscheiden:

....

....

....

Getränke testen

Arbeitet zu zweit und helft einander. Da ihr mit verbundenen Augen nicht schreiben könnt, muss das eure Partnerin oder euer Partner übernehmen.

Das braucht ihr
– 1 Augenbinde
– verschiedene Getränke

1 a Verbinde die Augen. Der oder die andere holt zwei Getränke.

b Klemm dir die Nase, wie auf dem Bild, zusammen.

c Nimm von jedem Getränk einen kleinen Schluck. Was nimmst du wahr?

....

....

Vermute: Was hast du getrunken?

....

....

d Klemm die Nase nicht mehr zusammen. Nimm von jedem Getränk noch einmal einen Schluck. Was nimmst du wahr?

....

....

Vermute: Was hast du getrunken?

....

....

e Nimm die Augenbinde ab und schau die Getränke an. Wenn du die Getränke bis jetzt noch nicht erkannt hast: Erkennst du sie jetzt? Wenn ja, dann korrigiere oder ergänze bei d.

Tauscht nun die Rollen. Geht genau gleich mit zwei anderen Getränken vor.

2 Schreibe auf, was du bei diesem Experiment gelernt hast.

3 Lies den Text «Schmecken und riechen» im Grundlagenbuch, Unterkapitel 3.2.
Beantworte dann mit diesen Informationen und durch Überlegen die beiden Fragen:

a Wie nimmst du das Aroma von Lebensmitteln wahr?

b David behauptet: «Geschmack und Aroma sind dasselbe.»
Entscheide, ob David recht hat. Begründe deine Entscheidung.

4 Heute musst du dir selten Sorgen machen, dass Essen dich krank machen könnte. Früher, als die Menschen noch Beeren, Pilze und Nüsse zum Essen sammelten und auf die Jagd gingen, war das anders.

Überlege und schreibe auf, warum es damals besonders wichtig war, Lebensmittel mit den Augen, der Nase und dem Mund wahrnehmen zu können.

Reflexe und ihre Aufgaben

1 Arbeitet zu zweit. Probiert die drei Reflexe gegenseitig aus:

a Beschreibt den Reiz und die Reaktion.

b Überlegt und schreibt auf, welche Aufgabe diese Reflexe erfüllen.

	Reiz	Reaktion	Aufgabe des Reflexes
Kniesehnenreflex Schlage mit der Handkante leicht gegen den Bereich unterhalb der Kniescheibe.	Schlag mit der Handkante		Beim Aufspringen, Treppensteigen oder Stolpern wird die Kniesehne sehr schnell gestreckt. Dadurch spannen sich im Bein die richtigen Muskeln und man fällt nicht hin.
Pupillenreflex Leuchte der anderen Person mit einer Taschenlampe 1–2 Sekunden in ein Auge. Beobachte die Pupillen.			
Lidschlussreflex 1. Berühre die Wimpern. 2. Blase von der Seite in das Auge.			

2 Überlegt und beschreibt: Welche Aufgabe erfüllen die beiden Reflexe, die hier beschrieben sind?

Wenn du dich verschluckst, gelangt ein bisschen Essen oder Trinken in die Luftröhre.
Du musst dann husten.

Wenn du hinfällst, dann stützt du dich reflexartig mit den Händen ab.

Zwei verschiedene Arten der Reizverarbeitung

Bei einem Reflex werden die Reize anders verarbeitet als bei einer normalen Reaktion. Im Grundlagenbuch, Unterkapitel 3.3, und in AM 3.2 hast du die beiden Arten kennen gelernt.

In den beiden Bilderfolgen sind die zwei Arten der Reizverarbeitung dargestellt.

1 a Betrachte die Bilderfolgen zu Reaktion 1 und Reaktion 2.

b Schreibe auf die Linien, ob es sich um eine Reflexreaktion oder eine normale Reaktion handelt.

Reaktion 1	Reaktion 2
_____	_____

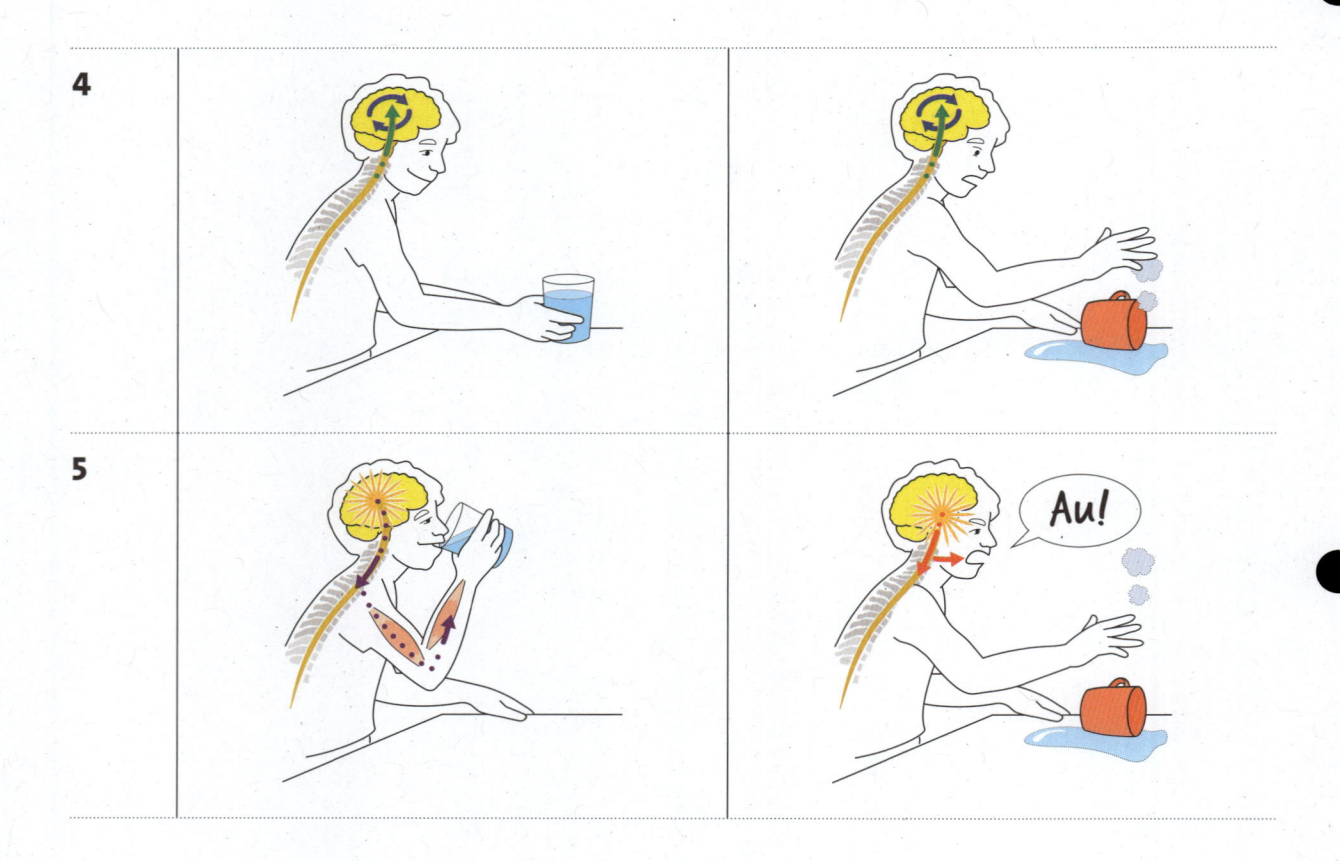

2 Erkläre, was bei den beiden Arten der Reizverarbeitung passiert.
- Erstelle dazu einen Erklärfilm (▶ **TB 17 Erklärfilm produzieren**).
- Verwende für den Film die beiden Bilderfolgen.
  Die Leitfragen helfen dir, den Text für den Film zu formulieren.

Leitfragen zu den Bildern:
1 Werden die Sinneszellen der Haut stark oder schwach gereizt?
2 Schicken die Sinneszellen in der Haut nur wenige oder ganz viele Nervenimpulse an das Rückenmark?
3 Gehen die Nervenimpulse weiter ins Gehirn oder sendet das Rückenmark neue Nervenimpulse in den Arm?
4 Was passiert mit den Nervenimpulsen im Gehirn?
5 Was passiert, wenn die Nervenimpulse im Gehirn verarbeitet wurden?

Räumliches Hören

Wenn du einen Vogel hörst, weisst du meistens, aus welcher Richtung das Zwitschern kommt. Doch warum kannst du feststellen, aus welcher Richtung ein Geräusch oder ein Ton kommt? Macht dazu zu zweit ein Experiment.

Das braucht ihr
- 1 Schlauch (genau 1 m lang)
- 2 Trichter
- 1 Massstab
- 1 wasserfester Stift

1 Durchführen

a Markiert die Mitte des Schlauchs.

b Macht je 10 Striche links und rechts von der Mitte. Jeder Strich soll 1 cm Abstand haben.

c Halte beide Enden des Schlauchs an die Ohren. Der Schlauch soll dabei hinter dem Körper sein.

d Dein Partner klopft *leicht* mit dem Bleistift auf einen der Striche auf dem Schlauch. Du sagst, auf welcher Seite du das Klopfen hörst.

e Klopft auf sechs verschiedene Striche auf dem Schlauch.

f Füllt die Tabelle unten aus.

g Tauscht die Rollen.

Die erste Zeile ist als Beispiel schon ausgefüllt: *Jemand klopft 10 cm links von der Mitte. Gehört wird das Klopfen links. Der Abstand vom linken Ohr beträgt 40 cm, vom rechten 60 cm.*

Wo wird geklopft?			Auf welcher Seite wird das Klopfen gehört?		Abstand des Klopfens zum linken Ohr	Abstand des Klopfens zum rechten Ohr
	links	rechts	links	rechts		
10 cm	×		×		40 cm	60 cm

2 Auswerten

a Markiert in der Mitte der Tabelle die Seite, aus der ihr das Klopfen gehört habt (im Beispiel: grün)

b Markiert dann den kürzeren Abstand in den beiden rechten Spalten (im Beispiel: grün).

c Betrachtet die Werte der Tabelle auf der Vorderseite. Kreuzt dann an, ob die Aussagen richtig oder falsch sind:

	Richtig	Falsch
Wenn du das Klopfen rechts hörst, dann wurde näher am linken Ohr geklopft.		
Wenn du das Klopfen rechts hörst, dann wurde näher am rechten Ohr geklopft.		
Wenn du das Klopfen links hörst, dann wurde näher am linken Ohr geklopft.		

3

a Markiere im Bild die Strecke, auf der das Geräusch von Emmas Schritten schneller von Emma zu Lucas Ohren kommt.

b Beschreibe, warum das Geräusch auf der einen Strecke schneller ankommt als auf der anderen.

_____

_____

c Beschreibe, warum Luca hören kann, dass Emma von links kommt.

_____

_____

AM 3.5 N2 REIZE UND SINNE UNTERSUCHEN

So breitet sich Schall aus

Schall breitet sich von einer Schallquelle in alle Richtungen aus. Doch wie kommt Schall zu deinen Ohren? Das kannst du mit einer Simulation herausfinden.

1 Öffne die Simulation ▶OM 3.4.

2 Verschaffe dir einen Überblick über die Simulation.

3 Starte die Simulation. Beobachte ein einzelnes Luftteilchen. Beschreibe genau, wie es sich bewegt.

....

....

4 Der Lautsprecher versetzt Luftteilchen in Bewegung. Wie gelangt diese Bewegung der Luftteilchen bis zu deinem Ohr? Beobachte und schreibe auf.

....

....

5 Stelle den Ton lauter und leiser. Beobachte und schreibe auf, wie sich die Luftteilchen bewegen, wenn …

… der Ton sehr laut ist: ....

....

… der Ton sehr leise ist: ....

....

6 Richtig oder falsch? Kreuze an:

	Richtig	Falsch
Die Luftteilchen werden von der Membran des Lautsprechers angestossen und bewegen sich zum Ohr.		
Die Luftteilchen werden von der Membran des Lautsprechers in Bewegung versetzt. Diese Bewegungen übertragen sich dann von einem Teilchen zum nächsten bis zu deinem Ohr.		
Je leiser ein Ton ist, desto schneller schwingen die Luftteilchen hin und her.		
Je lauter ein Ton ist, desto stärker schwingen die Luftteilchen hin und her.		

7 Überlege und erkläre, warum man in den Bergen ein Echo hören kann.

Tipp Die Simulation kann dir helfen. Wähle dazu anstelle des Ohrs den festen Gegenstand.

....

....

....

....

Aufbau und Funktion des Gehörs

1 Bearbeite die Aufgaben zuerst mit Bleistift aus dem Gedächtnis:

   a Beschrifte die sechs wichtigsten Teile des Ohrs: Ohrmuschel, Gehörgang, Trommelfell, Gehörknöchelchen, Hörschnecke, Hörnerv.

   b Beschreibe die Funktion dieser sechs Teile. Ein Beispiel ist schon angegeben.

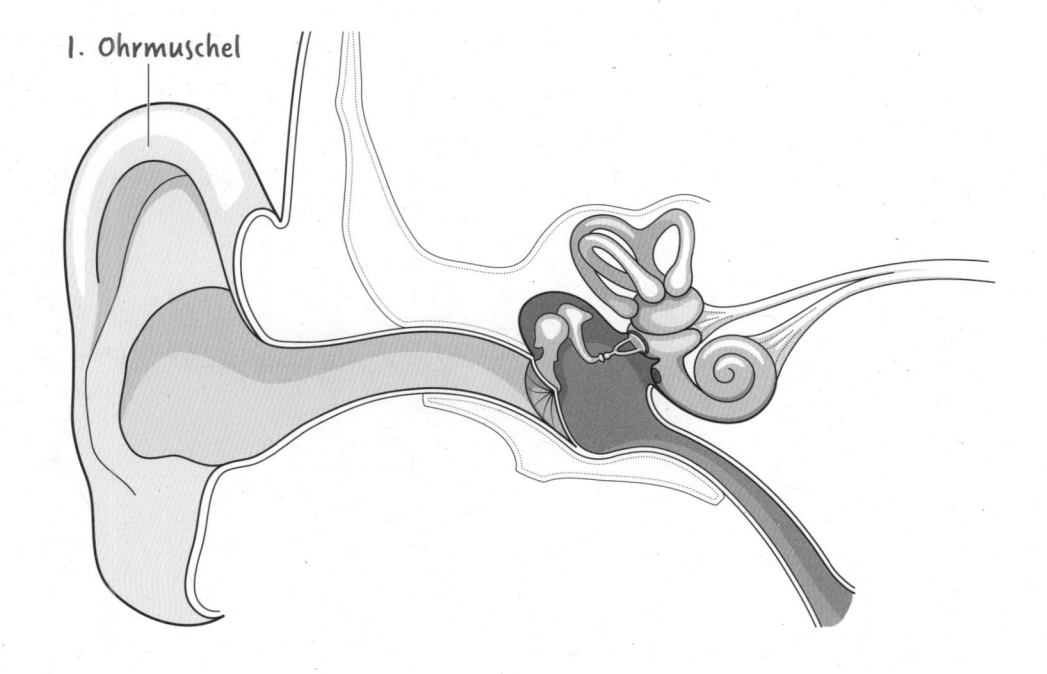

1. Ohrmuschel

1. Die Ohrmuschel fängt den Schall auf.

2.

3.

4.

5.

6.

c Beschreibe auch
  – die Funktion der Membran mit den Sinneszellen,
  – die Funktion der Härchen,
  – die Funktion der Sinneszellen in der Hörschnecke.

....

....

....

....

....

....

2 Schau den Film «Das Ohr» (▶OM 3.5) an und lies den Text im Grundlagenbuch, Unterkapitel 3.6.

3 Korrigiere und ergänze jetzt das, was du bei Auftrag 1 geschrieben hast.

AM 3.7 N12 REIZE UND SINNE UNTERSUCHEN

Das Trommelfell

⚠️ **Beachtet**

Bevor ihr anfangt, müsst ihr
AM 3.5 bearbeitet haben.

Wie ihr schon wisst, beginnt das Trommelfell zu schwingen, wenn Schall darauftrifft.
Wie das funktioniert, könnt ihr selbst herausfinden.

Arbeitet zu zweit:

1 Lest den Textabschnitt «Wenn Schall auf etwas trifft» im Grundlagenbuch, Unterkapitel 3.5.

2 Entwickelt ein Funktionsmodell, mit dem ihr zeigen könnt,
dass das Trommelfell durch Schall zum Schwingen gebracht wird.

> **Das braucht ihr**
> – 1 Trinkglas
> – Frischhaltefolie
> – Klebeband
> – Couscous, Gries, Sand oder Ähnliches
> – eure Stimme

a Skizziert und schreibt auf, wie ihr vorgehen wollt.

b Baut das Funktionsmodell.

3 a Bringt die Membran durch verschieden laute Töne eurer Stimme zum Schwingen.

  b Schreibt eure Beobachtungen auf.

  ....

  ....

  ....

  c Erklärt, was bei eurem Versuch passiert ist. Schaut dazu die Simulation ▶OM 3.4 an und wählt einen elastischen Gegenstand als Schallempfänger.

  Tipp
  Das kann bei der Erklärung helfen:
  Wodurch wird die Folie zum Schwingen gebracht?

  ....

  ....

  ....

  ....

⚠ **Beachtet**
Bewahrt die Materialien auf.
Ihr braucht sie für den Versuch in AM 3.8 wieder.

Trommelfellriss

Das Trommelfell kann reissen, zum Beispiel wegen eines sehr lauten Knalls. Wenn das Trommelfell gerissen ist, hört man nicht mehr gut.

Das braucht ihr
– euer Funktionsmodell von AM 3.7
– 1 Messer

1 **a** Nehmt euer Funktionsmodell von ▶AM 3.7 und schneidet mit einem Messer in die Folie wie im Bild gezeigt.

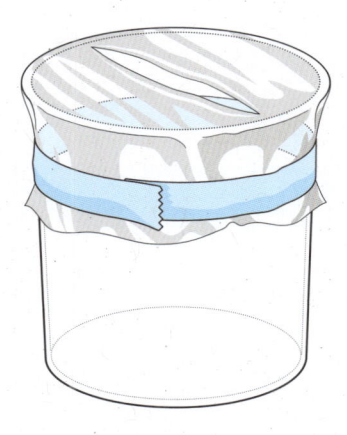

b Führt den Versuch von ▶AM 3.7 noch einmal durch und beobachtet genau.

2 Erklärt, warum man oft weniger gut hören kann, wenn das Trommelfell gerissen ist.

....

....

....

3 Warum kann das Trommelfell bei einem sehr lauten Knall reissen?

a Überlegt, warum das passieren kann. Schaut dazu noch einmal die Simulation ▶OM 3.4 an. Wählt in der Simulation einen elastischen Schallempfänger und verändert die Lautstärke von leise nach ganz laut. Beobachtet genau, was mit dem elastischen Schallempfänger passiert.

b Schreibt auf, warum das Trommelfell bei einem sehr lauten Knall reissen kann.

Tipp
Überlegt:
– Wie bewegen sich Luftteilchen bei sehr lauten Tönen?
– Wie schwingt das Trommelfell bei sehr lauten Tönen?

....

....

....

4 Es gibt noch andere Ursachen für einen Trommelfellriss:

a Eine Ursache kann zum Beispiel ein Wattestäbchen sein. Recherchiert im Internet darüber. Tippt ins Suchfeld der Suchmaschine «Trommelfellriss» und «Wattestäbchen».
Schreibt auf, wie man sich mit einem Wattestäbchen das Trommelfell verletzen kann.

....

....

....

....

b Recherchiert nach weiteren Ursachen für einen Trommelfellriss und erstellt eine Liste
(▶TB 21 **Informationen finden**, ▶TB 22 **Recherchieren**).

....

....

....

Lärmschwerhörigkeit und Tinnitus

Lärmschwerhörigkeit und Tinnitus gehören zu den häufigsten Gehörschäden.
Was dabei im Gehör beschädigt wird und wie sich das anhört, erfährst du in diesem AM.

1 Lärmschwerhörigkeit

Nach einem Konzert oder nach langem Musikhören mit Kopfhörern kann es vorkommen, dass man ein Pfeifen oder ein Rauschen in den Ohren hat oder die Ohren sich verstopft anfühlen. Vielleicht hattest du das auch schon einmal. Wenn ja, war die Musik eindeutig zu laut. Kommt das nicht zu oft vor, dann erholt sich das Gehör nach einiger Zeit wieder. Wenn das Ohr aber regelmässig zu lauten Geräuschen ausgesetzt ist, entsteht eine Lärmschwerhörigkeit. Bei einer Lärmschwerhörigkeit gehen mit der Zeit an manchen Stellen in der Hörschnecke die Härchen kaputt. Das sieht dann so aus wie auf Bild 2.

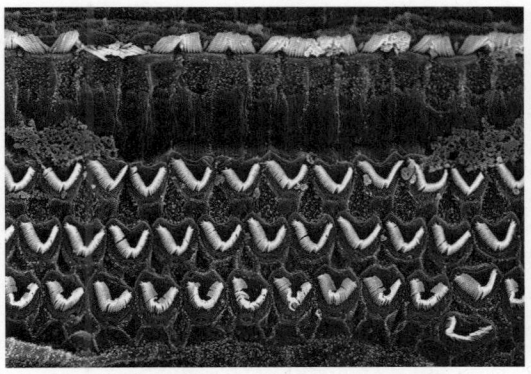

Bild 1 Normale Härchen in der Hörschnecke

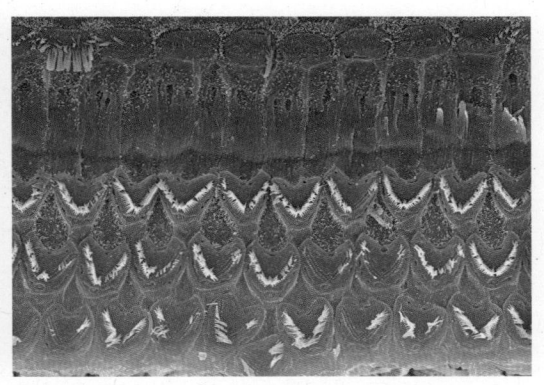

Bild 2 Zerstörte Härchen in der Hörschnecke

⚠ Vorsicht

Bei zu lauten Tönen werden die Sinneszellen im Ohr überlastet. Darum sterben die Härchen ab. Wenn die Härchen einmal kaputt sind, bleibt das so für den Rest des Lebens. Die Lärmschwerhörigkeit ist nicht heilbar. Das Einzige, was helfen kann, um wieder besser zu hören, ist ein Hörgerät.

a Bei einer Lärmschwerhörigkeit hört man manche Töne nicht mehr gut oder gar nicht mehr. Schreibe auf, warum man manche Töne nicht mehr richtig hören kann, wenn sich die Härchen an manchen Stellen in der Hörschnecke nicht mehr bewegen können. Die Informationen im Grundlagenbuch, Unterkapitel 3.6, können dir dabei helfen.

Tipp
— Welche Aufgabe haben die Härchen in der Hörschnecke?
— Wenn sich die Härchen nicht bewegen, entstehen dann in den Sinneszellen Nervenimpulse?
— Was muss im Hirn ankommen, damit man einen Ton hört?

b Wenn eine Lärmschwerhörigkeit beginnt, hört man zuerst hohe Töne nicht mehr gut. Darum hört man bei einer Lärmschwerhörigkeit «Sch», «S» oder «F» nicht mehr gut oder gar nicht mehr. Wenn die Lärmschwerhörigkeit schlimmer wird, hört man auch tiefere Töne nicht mehr gut.

Überlege und besprich mit jemandem aus der Klasse: Wie stellst du dir vor, wie man mit einer Lärmschwerhörigkeit hört?

c Hör dir an, wie man mit einer Lärmschwerhörigkeit hört (▶OM 3.8).

2 Tinnitus

Ein Tinnitus kann zum Beispiel bei einem lauten Knall entstehen. Bei einem Tinnitus gehen die Härchen nicht ganz kaputt. Die Härchen werden an manchen Stellen in der Gehörschnecke so beschädigt, dass die Sinneszellen ständig Nervenimpulse erzeugen.

⚑ Gut zu wissen

Die Membran schwingt bei unterschiedlichen Tönen an unterschiedlichen Stellen:

Bei hohen Tönen schwingt die Membran am Anfang der Hörschnecke.
Darum werden bei hohen Tönen Härchen am Anfang der Hörschnecke bewegt.

Bei tiefen Tönen schwingt die Membran im Zentrum der Hörschnecke.
Darum werden bei tiefen Tönen die Härchen im Zentrum der Hörschnecke bewegt.

a Stell dir vor, in der Hörschnecke werden Härchen am Anfang der Hörschnecke beschädigt. Schreibe auf, wie sich das wohl anhört.

Tipp Welche Töne werden am Anfang der Hörschnecke gehört: die hohen oder die tiefen?

....

....

....

b Hör dir an, wie es sein kann, wenn man einen Tinnitus hat (▶OM 3.9).

AM 3.10 N2 — REIZE UND SINNE UNTERSUCHEN

So kannst du dich vor Gehörschäden schützen

Dezibel (dB)	Lärmpunkte pro Stunde	mögliche Hördauer pro Woche	
110	1000	10	Minuten
	500	15	
105	300		
	200	30	
100	100	1	Stunden
	50	2	
95	30	3	
	20	5	
90	10	10	
87	5	20	
85	3	40	unbegrenzt
	2		
80	1		

Bild 1 Lärmpunkte

Lärmpunkte

Mit Lärmpunkten kannst du ausrechnen, ob du in bestimmten Situationen einen Gehörschaden riskierst oder nicht. In der Mitte von Bild 1 sind die Lärmpunkte pro Stunde angegeben. Damit du keinen Gehörschaden riskierst, dürfen die Lärmpunkte pro Woche nicht mehr als 200 betragen.

Ein Beispiel: Chloé hört jeden Tag in der Woche eine Stunde Musik mit 90 Dezibel und am Samstag geht sie zwei Stunden in die Disco.

Schallquelle	dB	Lärmpunkte pro Stunde	Stunde pro Woche		Total Lärmpunkte pro Woche
Musik	90	10	· 7	=	70
Disco	100	100	· 2	=	200
					270

Chloé riskiert einen Gehörschaden!

---

1 Unten sind drei Situationen beschrieben.

a Schreibe Vermutungen auf, ob die Jugendlichen einen Gehörschaden riskieren.

– Kristina geht am Freitag zwei Stunden an ein Open-Air-Konzert (100 dB). Am Samstag übt sie in einer Guggenmusik drei Stunden Trompete mit 95 dB.

– Tim hat neue Kopfhörer. Damit hört er dreimal in der Woche eine Stunde mit voller Lautstärke Musik (100 dB). Am Wochenende geht er noch drei Stunden in die Disco (100 dB).

– Lara hat einen Ferienjob: Sie mäht von Montag bis Freitag jeden Tag drei Stunden Rasen (90 dB). Jeden Abend der Woche hört sie eine Stunde mit Kopfhörern Musik mit 90 dB.

b Überprüfe deine Vermutungen: Rechne für alle Situationen die Lärmpunkte aus.

— Kristina: ....

— Tim: ....

— Lara: ....

2 Wenn du mit Kopfhörern Musik hörst, weisst du nicht, wie hoch der Schallpegel ist. Damit du mit Kopfhörern keinen Gehörschaden riskierst, stell die Lautstärke auf etwa 60 % der vollen Lautstärke ein (Bild 2). Das entspricht einem Schallpegel von ungefähr 85 dB.

Bild 2 60 % der Lautstärke

Schreibe auf, welche Jugendlichen von Auftrag 1a die Lautstärke verringern sollten.

....

3 Wenn es mal zu laut ist, dann kannst du dich einfach von der Schallquelle entfernen. Denn je weiter weg du von einem Geräusch bist, desto leiser ist es. In einer Disco oder an einem Konzert ist das aber nicht möglich, weil es überall fast gleich laut ist. Für die Disco oder für Konzerte kannst du Ohrstöpsel verwenden. Ohrstöpsel verringern den Schallpegel um etwa 30 dB.

Schreibe auf, welche Jugendlichen von Auftrag 1 bei welcher Tätigkeit Ohrstöpsel verwenden sollten.

....

....

....

4 ↗ Arbeitet zu zweit: Erstellt ein Merkblatt. Schreibt auf dieses Merkblatt alle Möglichkeiten, euer Gehör vor einem Gehörschaden zu schützen.

Tipp Denkt zum Beispiel an die Entfernung zu einer Schallquelle, an die Hördauer pro Woche, an die Lautstärke und an Ohrstöpsel.

AM 3.11 N2 REIZE UND SINNE UNTERSUCHEN

Konkave und konvexe Linsen haben unterschiedliche Eigenschaften

> **Das brauchst du**
> – verschiedene konvexe und konkave Linsen
> – 2 LED-Lichtstrahler
> – 1 Holzbrett oder dicker Karton (Grösse etwa A4)
> – 1 Blatt Papier A4
> – 1 Radiergummi
> – 2 verschiedenfarbige Stifte

1 Wie du im Grundlagenbuch, Unterkapitel 3.8, Bild 3 und 4, erkennen kannst, sehen konvexe und konkave Linsen unterschiedlich aus. Zeichne und beschreibe eine konvexe und eine konkave Linse.

2 a Baue die Versuchsanordnung wie gezeigt auf.

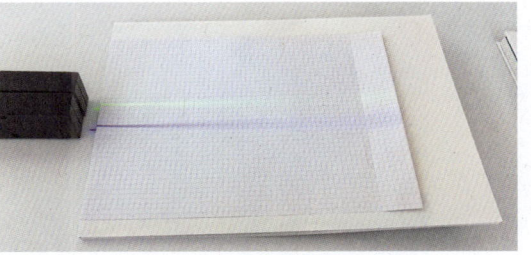

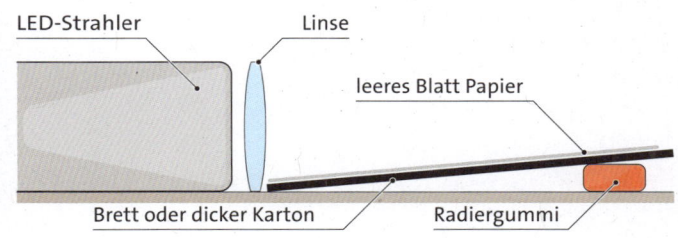

LED-Strahler — Linse — leeres Blatt Papier — Brett oder dicker Karton — Radiergummi

b Zeichne auf dem Blatt die Lichtstrahlen mit Bleistift nach.

c Halte eine konvexe Linse in die Lichtstrahlen.
Zeichne die Lichtstrahlen mit einem blauen Stift nach. Beschrifte sie mit «konvexe Linse».

d Halte eine konkave Linse in die Lichtstrahlen.
Zeichne die Lichtstrahlen mit einem roten Stift nach. Beschrifte sie mit «konkave Linse».

3 Schau die Zeichnung aus dem Versuch an. Die Lichtstrahlen werden durch die konvexe Linse anders gebrochen als durch die konkave Linse. Schreibe auf, wie die Lichtstrahlen durch die beiden Linsen unterschiedlich gebrochen werden.

....

....

....

4 Bei Auftrag 2 hast du gesehen, dass sich die Lichtstrahlen bei einer konvexen Linse in einem Punkt treffen.
Dieser Punkt heisst **Brennpunkt**.
Der Abstand von der Linse zum Brennpunkt heisst **Brennweite**.

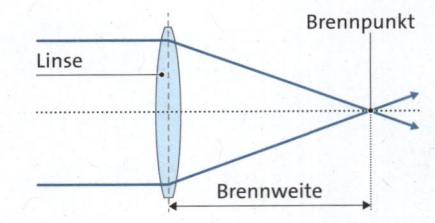

    a Lege ein neues Blatt auf das Brett oder den Karton.

    b Halte jede konvexe Linse nacheinander in die Lichtstrahlen. Merke dir die Reihenfolge!

    c Zeichne die Lichtstrahlen und die Brennpunkte auf das Blatt.

    d Vergleiche die Brennweiten und das Aussehen der Linsen. Was fällt dir auf?
       Schreibe einen Je-desto-Satz auf.

....

....

Sehfehler

1 Kurzsichtigkeit

Beim normalsichtigen Auge (Bild 1) treffen sich Lichtstrahlen, die von einem weit entfernten Punkt ausgehen, an derselben Stelle auf der Netzhaut (Pfeil). So siehst du ein scharfes Bild.

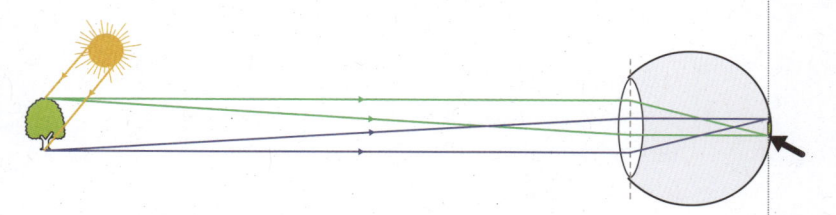

Bild 1 Normalsichtiges Auge: Baum in der Ferne scharf

Bei Kurzsichtigen ist die Form der Augen anders. Darum sehen Kurzsichtige weit entfernte Gegenstände bei entspanntem Ringmuskel unscharf (Bild 2).

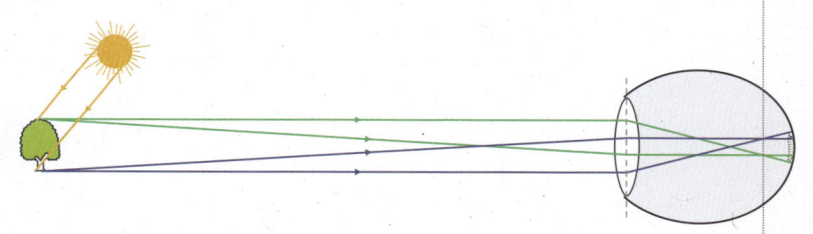

Bild 2 Kurzsichtiges Auge: Baum in der Ferne unscharf

a Schreibe auf: Wie unterscheidet sich die Form von kurzsichtigen Augen im Vergleich zu normalsichtigen Augen?

b Schreibe auf, warum Kurzsichtige wie in Bild 2 den Baum nicht scharf sehen.

Tipp Wo treffen sich die Lichtstrahlen, die von einem Punkt ausgehen?

c Schreibe auf, ob die Lichtstrahlen von der Linse zu stark oder zu schwach gebrochen werden.

2 Weitsichtigkeit

Beim normalsichtigen Auge (Bild 3) treffen sich Lichtstrahlen, die von einem nahen Punkt ausgehen, an derselben Stelle auf der Netzhaut (Pfeil). So siehst du ein scharfes Bild.

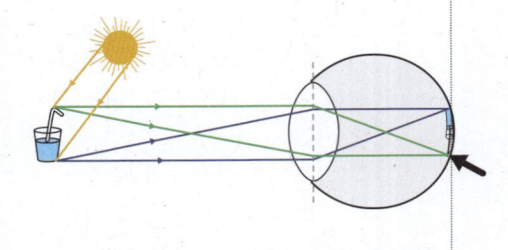

Bild 3 Normalsichtiges Auge: Glas in der Nähe scharf

Bei Weitsichtigen ist die Form der Augen anders. Darum sehen Weitsichtige nahe Gegenstände unscharf, wenn sie den Ringmuskel gleich anspannen wie Normalsichtige (Bild 4).

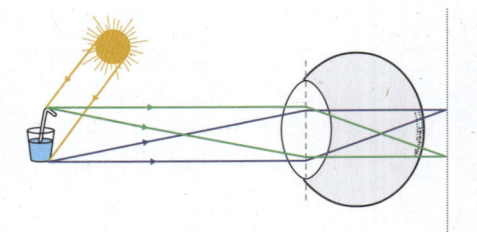

Bild 4 Weitsichtiges Auge: Glas in der Nähe unscharf

a Schreibe auf: Wie unterscheidet sich die Form von weitsichtigen Augen im Vergleich zu normalsichtigen Augen?

....

b Schreibe auf, warum Weitsichtige wie in Bild 4 das Glas nicht scharf sehen.

....

....

c Schreibe auf, ob die Lichtstrahlen von der Linse zu stark oder zu schwach gebrochen werden.

....

Korrektur der Sehfehler

1 Die Darstellungen unten zeigen, wie die Lichtstrahlen verlaufen, wenn die Sehfehler mit einer Brille korrigiert werden. Bei der gestrichelten schwarzen Linie soll wie bei einer Brille eine Linse vor das Auge kommen.

a Schreibe jede Darstellung mit dem richtigen Sehfehler an.

b Überlege: Welche Art Linse braucht es bei den verschiedenen Sehfehlern, damit die beiden grünen Lichtstrahlen und die beiden blauen Lichtstrahlen jeweils auf der Netzhaut zusammentreffen?

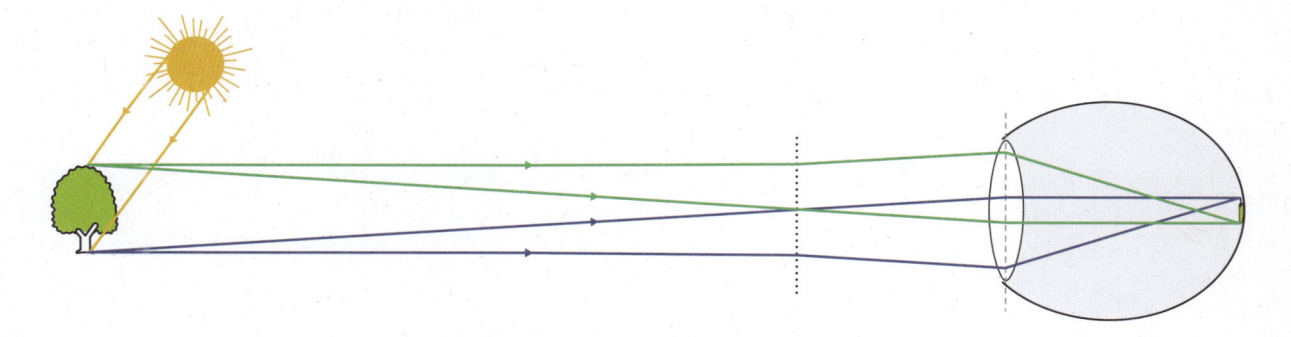

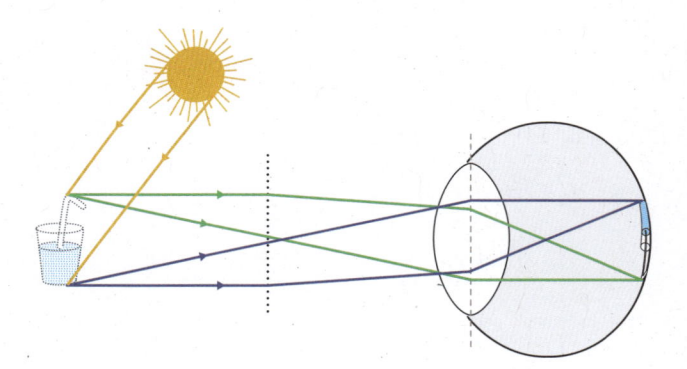

2 Sehfehler können auch mit Kontaktlinsen korrigiert werden. Schreibe an, welche der abgebildeten Kontaktlinsen Kurzsichtigkeit und welche Kontaktlinsen Weitsichtigkeit korrigiert.

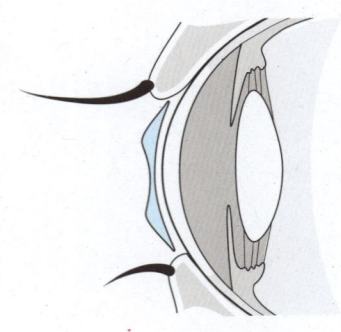

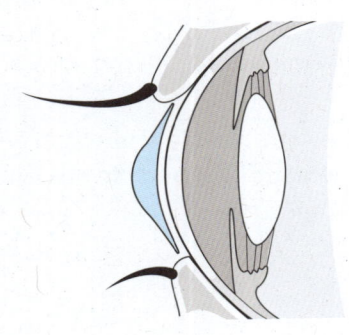

3 Kinder und Jugendliche zwischen 8 und 15 Jahren, die viel Zeit drinnen verbringen, sind oft kurzsichtig. Denn wenig Licht bewirkt, dass die Augen schnell wachsen und zu lang werden. Kinder und Jugendliche, die viel Zeit draussen verbringen, sind weniger oft kurzsichtig. Denn viel Licht bewirkt, dass die Augen langsamer wachsen und nicht zu lang werden.

Heute sind in Europa, Asien und Amerika sehr viele Kinder und Jugendliche kurzsichtig. In manchen Gebieten mehr als 80 %!

Arbeitet zu zweit:

a Lest den Text oben durch und erklärt einander, was darin steht.

b Erklärt und schreibt auf, warum heute viel mehr Kinder und Jugendliche kurzsichtig sind als früher.

Tipp
– Verbringen Kinder und Jugendliche heute mehr oder weniger Zeit draussen als früher?
– Was könnten die Gründe dafür sein, dass Kinder und Jugendliche heute mehr oder weniger Zeit draussen verbringen als früher?

AM 3.14 N2   REIZE UND SINNE UNTERSUCHEN

Den blinden Fleck sehen

1 a Betrachte das Quadrat und das Kreuz.
– Halte das Blatt mit ausgestreckten Armen vor deine Augen.
– Schliesse das rechte Auge.
– Schau mit dem linken Auge direkt das Kreuz an.
– Nähere das Blatt langsam deinem Gesicht und achte auf das schwarze Quadrat.

■   ✕

b Schreibe auf, was mit dem schwarzen Quadrat passiert.

....

....

....

2 Lies noch einmal den Text «Die Netzhaut» im Grundlagenbuch, Unterkapitel 3.10.
a Wo auf der Netzhaut wird das Kreuz abgebildet, wenn du es direkt anschaust? Zeichne das Bild des Kreuzes am richtigen Ort auf der Netzhaut ein.

b Wie heisst dieser Ort auf der Netzhaut? Beschrifte ihn.

■   ✕

c An einem Ort auf der Netzhaut gibt es keine Sinneszellen. Wo auf der Netzhaut wird das Quadrat abgebildet, wenn du es nicht siehst? Zeichne das Bild des Quadrats ein.

d Wie heisst dieser Ort auf der Netzhaut? Beschrifte ihn.

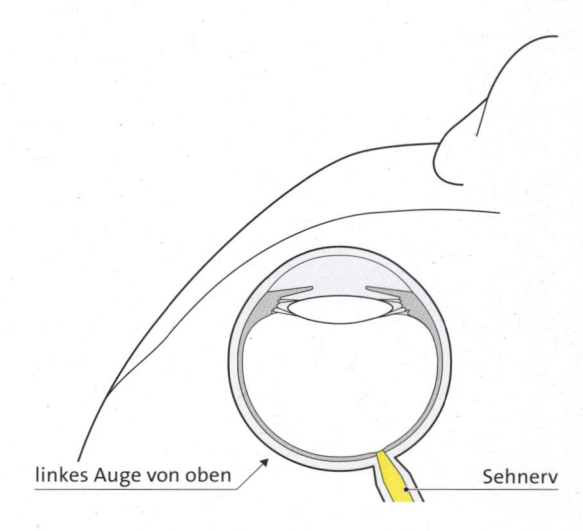

linkes Auge von oben   Sehnerv

e Erkläre und schreibe auf, warum du das Quadrat bei einem bestimmten Abstand nicht sehen kannst.

3 a Jedes Auge hat einen blinden Fleck. Aber warum siehst du nicht immer zwei blinde Stellen? Die Frage kannst du so beantworten:
— Führe Auftrag 1 noch einmal durch. Halte das Blatt so, dass du das Quadrat nicht siehst.
— Öffne dann das rechte Auge.

b Erkläre, warum du nicht ständig zwei blinde Stellen siehst.

Tipp Mit dem linken Auge siehst du das Quadrat nicht. Und mit dem rechten Auge?

Räumlich sehen

1 a Schliesse *ein* Auge.
- Nimm in beide Hände einen Stift. Versuche, die Spitzen der beiden Stifte aufeinander treffen zu lassen.
- Versuche, einen Faden in eine Nähnadel einzufädeln.

b Schreibe auf, wie es dir ergangen ist.

....
....
....

2 a Halte den ausgestreckten Arm auf Augenhöhe, wie im Bild gezeigt:
- Schau die Hand nur mit dem linken Auge an.
- Schau die Hand nur mit dem rechten Auge an.

b Schreibe für beide Augen auf, was du siehst.

....
....
....
....

c Erkläre, warum das so ist.

Tipp Siehst du mit beiden Augen die Hand aus demselben Winkel?

....
....
....
....

Gut zu wissen

3-D-Filme
3-D-Filme werden mit Kameras gefilmt, die zwei Objektive nebeneinander haben (Bild 1).

Bild 1 Eine 3-D-Kamera

Das ist ganz ähnlich wie beim räumlichen Sehen. Die Bilder, welche die Objektive aufnehmen, sind leicht unterschiedlich. Die 3-D-Brille macht dann aus den beiden Bildern ein einziges, dreidimensionales Bild.

VR-Brillen funktionieren auch so. VR bedeutet «Virtual Reality» oder «Virtuelle Realität». In einer VR-Brille sieht jedes Auge ein Bild. Die beiden Bilder unterscheiden sich leicht (Bild 2). Das Gehirn macht dann aus den beiden Bildern ein einziges, dreidimensionales Bild.

Bild 2 Zwei Bilder in einer VR-Brille

Besondere Sinnesorgane bei Tieren

1 Das Seitenlinienorgan

Fische sind kurzsichtig und sehen deshalb entfernte Dinge nicht gut. Das spielt aber unter Wasser keine grosse Rolle. Denn Wasser ist oft so trüb, dass man sowieso nicht weit sehen kann. Damit Fische aber trotzdem wissen, was um sie herum geschieht, haben sie ein spezielles Sinnesorgan: das **Seitenlinienorgan** (Bild 1). Damit können Fische Bewegungen des Wassers wahrnehmen. Bewegungen des Wassers entstehen zum Beispiel, wenn andere Fische vorbeischwimmen.

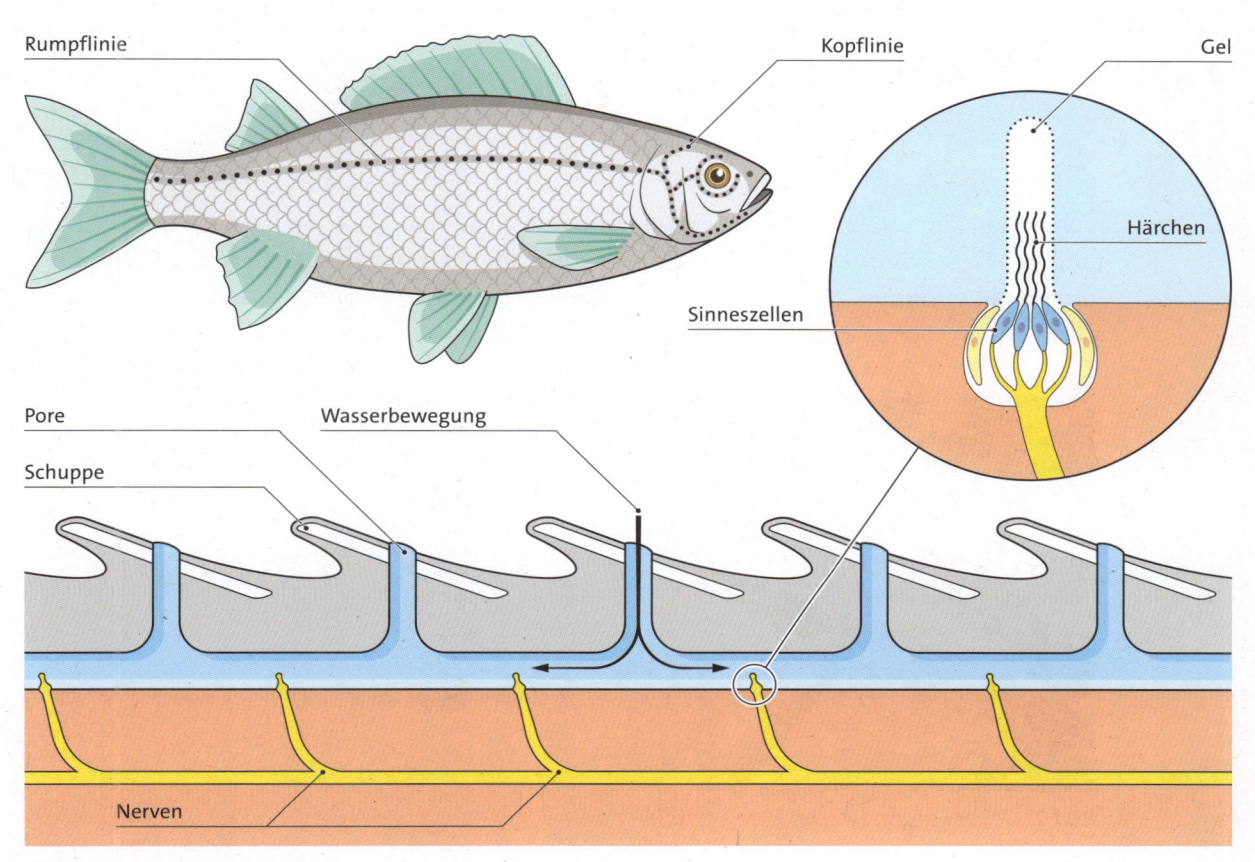

Bild 1 Das Seitenlinienorgan

a Betrachte Bild 1. Überlege und schreibe auf:
Wie funktioniert das Seitenlinienorgan?

Tipp Was passiert mit den Härchen, wenn sich das Wasser bewegt?

....

....

b Du hast einen Teil eines menschlichen Organs kennen gelernt, das ähnlich funktioniert. Nenne es.

Tipp Schau im Grundlagenbuch, Unterkapitel 3.6, nach.

....

c Schreibe Gemeinsamkeiten und Unterschiede zwischen den beiden Organen auf.

....

....

....

....

....

2 Das Grubenorgan

Schlangen können jagen, wenn sie nichts sehen. Schlangen können nämlich die Körpertemperatur anderer Tiere wahrnehmen. Auch die Wärmestrahlung, die von Objekten in der Umgebung abgestrahlt werden, können sie wahrnehmen. So «sehen» Schlangen, auch wenn es völlig dunkel ist. Dazu haben sie das sogenannte Grubenorgan. Das Grubenorgan befindet sich am Kopf (Bild 2).

Bild 2 Grubenorgan (Pfeile) einer Python

a Schlangen fangen Tiere, indem sie blitzschnell mit dem Maul zubeissen. Überlege und schreibe auf: Warum befindet sich das Grubenorgan vorne und seitlich am Kopf?

....

....

....

....

b Recherchiere im Internet, wie das Grubenorgan funktioniert
(▶TB 21 **Informationen finden,** ▶TB 22 **Recherchieren**).

....

....

....

....

AM 4.1 N12

BEWEGUNGEN ERKUNDEN

Bewegungen im Veloparcours beschreiben

Du fährst mit dem Velo den im Bild abgebildeten Parcours. Im Parcours kommen **gleichförmige, beschleunigte** und **verzögerte Bewegungen** vor.

1 Ordne auf der Rückseite jedem Streckenabschnitt (1 bis 8) diejenige Bewegung zu, die für dich in diesem Streckenabschnitt am meisten vorkommt. Kreuze dafür die entsprechende Bewegung an und begründe deine Zuordnung.

	Gleichförmige Bewegung	Beschleunigte Bewegung	Verzögerte Bewegung	Begründung
Beispiel: Streckenabschnitt 1	☐	☒	☐	Weil man beim Runterfahren immer schneller wird.
Streckenabschnitt 2	☐	☐	☐	
Streckenabschnitt 3	☐	☐	☐	
Streckenabschnitt 4	☐	☐	☐	
Streckenabschnitt 5	☐	☐	☐	
Streckenabschnitt 6	☐	☐	☐	
Streckenabschnitt 7	☐	☐	☐	
Streckenabschnitt 8	☐	☐	☐	

AM 4.2 N2   BEWEGUNGEN ERKUNDEN

Geschwindigkeiten bestimmen

Arbeitet zu zweit. Bestimmt Geschwindigkeiten und überlegt, warum Messwiederholungen dazu nötig sind. Geht dabei wie unten beschrieben vor.

Das braucht ihr
– 1 Spielzeugauto
– Kreide
– 1 Meterband
– 1 Stoppuhr (oder Handy)
– 1 Taschenrechner

1 Durchführen

a Sucht in der Nähe des Schulhauses einen Abhang aus. Der Belag soll glatt sein (keine Kieselsteine oder Wiese) und der Abhang soll nicht zu steil sein.

b Messt bei eurem Abhang einen geraden Weg ab, zum Beispiel 4 m. Zeichnet die Start- und Ziellinie mit Kreide auf dem Boden auf. Schreibt den Weg auf.

....

c Lasst das Spielzeugauto dreimal den abgemessenen Weg runterrollen. Stoppt dabei die Zeit und schreibt die Werte auf. Geht dafür so vor:

Person 1 steht bei der Startlinie und lässt auf das Startzeichen das Spielzeugauto hinunterrollen.

Person 2 ist bei der Ziellinie. Sie gibt das Startzeichen und beginnt gleichzeitig mit dem Messen der Zeit. Sobald das Spielzeugauto die Ziellinie überfährt, stoppt Person 2 die Zeit und schreibt den Wert auf.

Zeit 1	Zeit 2	Zeit 3

2 Auswerten und weiterdenken

a Betrachtet die Werte eurer drei Messungen. Schreibt auf, was ihr feststellen könnt. Erklärt mögliche Unterschiede.

....

....

....

b Bei Auftrag 1c habt ihr das Auto dreimal die Strecke runterrollen lassen. Dies nennt man Messwiederholung. Beim Experimentieren werden oft Messwiederholungen durchgeführt. Lest dazu ▶**TB 11 Messwiederholungen**. Schreibt auf, warum es bei diesem Experiment sinnvoll war, Messwiederholungen durchzuführen.

....

....

c Berechnet mit den drei gestoppten Zeiten den Mittelwert für die Zeit.

Tipp Mittelwert = $\dfrac{\text{Zeit 1} + \text{Zeit 2} + \text{Zeit 3}}{3}$

....

....

....

d Ihr habt nun vier verschiedene Angaben für die Zeit (Zeit 1, Zeit 2, Zeit 3 und den Mittelwert). Begründet, welcher dieser Werte sich am besten eignet, um eine genaue Angabe über die vom Spielzeugauto benötigte Zeit zu machen.

....

....

....

e Berechnet die Geschwindigkeit. Verwendet dafür den Weg aus Auftrag 1b und die beste Angabe für die Zeit aus Auftrag 2d.

Tipp Geschwindigkeit = $\dfrac{\text{Weg}}{\text{Zeit}}$

....

....

....

3 Berichten

Tauscht eure Ergebnisse in der Klasse aus. Geht dabei auf folgende Punkte ein:
- Diskutiert, welche Zeit ihr als besten Wert gewählt habt und warum.
- Tauscht eure erhaltenen Geschwindigkeiten in der Klasse aus. Nennt mögliche Gründe für Unterschiede.

AM 4.3 N2   BEWEGUNGEN ERKUNDEN

Eine gleichförmige Bewegung untersuchen

Arbeitet zu zweit. Untersucht, ob sich eine Luftblase gleichförmig bewegt.

Das braucht ihr
- 1 grosser Massstab
- 1 dünnes Glasröhrchen (etwa gleich lang wie der Massstab)
- angefärbtes Wasser
- Knetmasse
- 1 Unterlage (z. B. ein dickes Buch)
- 1 Handy (zum Filmen)
- 1 Taschenrechner

1 ✂ Durchführen

a Füllt das Glasröhrchen mit angefärbtem Wasser und verschliesst die Enden mit Knetmasse. Achtet darauf, dass ihr das Röhrchen nicht vollständig mit Wasser füllt, damit eine Luftblase entsteht.

b Legt den Massstab auf die Unterlage.

c Person 1 dreht das Röhrchen so, dass die Luftblase unten ist, und legt es neben den Massstab. Person 2 beginnt sofort mit dem Filmen, sobald das Röhrchen auf der Unterlage liegt.

Tipp Übt diese Vorgehensweise einige Male, damit die Übergänge fliessend sind.

d Schaut den Film an und schreibt in die Tabelle, wie weit die Luftblase pro Sekunde gekommen ist. Schreibt eure Ergebnisse in die Zeile «Weg s in cm».

Zeit t in s	0	1	2	3	4	5	6	7	8	9	10
Weg s in cm	0										

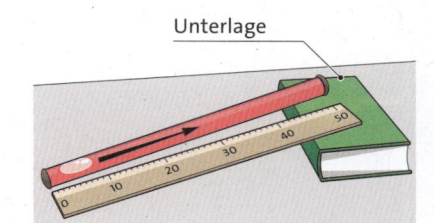

2 Darstellen und auswerten

a ↗ Erstellt ein Zeit-Weg-Diagramm. Tragt eure Werte in das Diagramm ein.

b ↗ Lest in der Toolbox den Abschnitt zur «Trendgeraden» (▶ **TB 13 Diagramm erstellen**). Zeichnet zu euren eingetragenen Werten von Auftrag 2a eine Trendgerade.

c ↗ Betrachtet das Diagramm von Auftrag 2a/b. Beschreibt, was ihr feststellt.

d ↗ Schreibt auf, wo mögliche Ungenauigkeiten liegen könnten. Überlegt, was ihr tun könntet, damit eure Ergebnisse genauer werden. Schreibt eure Ideen auf.

e Berechnet mit den Werten in der Zeit-Weg-Tabelle (Auftrag 1d) die Geschwindigkeiten für jede Sekunde.
  – Rechnet zuerst die gemessenen Wegangaben in Meter um.
    Tragt die Ergebnisse in der Tabelle unten ein.
  – Berechnet die Geschwindigkeit.

  Tipp Geschwindigkeit $= \dfrac{\text{Weg}}{\text{Zeit}}$ (Einheit: $\dfrac{m}{s}$)

  – Tragt eure Ergebnisse in der Tabelle ein. Rundet dabei die Ergebnisse auf zwei Stellen nach dem Dezimalpunkt.

Zeit t in s	0	1	2	3	4	5	6	7	8	9	10
Weg s in m											
Geschwindigkeit v in $\dfrac{m}{s}$											

f Betrachtet eure Werte für die Geschwindigkeiten. Schreibt auf, was ihr feststellt.

g Beurteilt mithilfe eurer Ergebnisse, ob sich die Luftblase gleichförmig bewegt. Begründet eure Beurteilung.

AM 4.4 N23 BEWEGUNGEN ERKUNDEN

Eine beschleunigte Bewegung untersuchen

Arbeitet zu zweit. Untersucht, ob eine Kugel beschleunigt eine Vorhangschiene hinunterrollt.

Das braucht ihr
- 1 Vorhangschiene (mindestens 1 m lang)
- 1 Buch
- 1 Meterband
- Malerklebeband
- 1 Stahlkugel
- 1 Handy (zum Filmen)

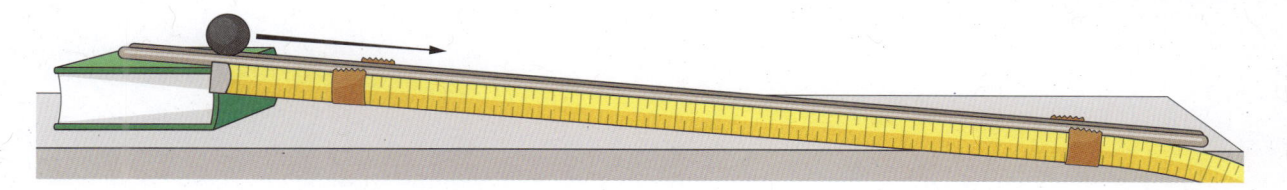

1 Durchführen

a Legt die Vorhangschiene auf ein Buch, damit sie eine kleine Neigung hat.

b Befestigt entlang der Vorhangschiene ein Meterband mit Malerklebeband. Das Meterband soll beim Buch, wo der Start ist, 0 cm anzeigen.

c Lasst die Stahlkugel die Vorhangschiene hinunterrollen. Filmt den Vorgang mit dem Handy.

⚠ Beachtet

Startet genau dann mit dem Filmen, wenn die Kugel losrollt! Übt diese Vorgehensweise einige Male, damit euch dies gelingt.

d Schaut den Film in Zeitlupe an. Stoppt den Film bei jeder vollen Sekunde. Lest auf dem Meterband ab, welche Strecke die Kugel nach jeder Sekunde zurückgelegt hat. Schreibt die Werte in die Zeile «Weg s in m».

Zeit t in s	0	1	2	3	4
Weg s in m	0				

2 Darstellen und auswerten

a Erstellt anhand der Tabelle ein Zeit-Weg-Diagramm. Versucht, die Punkte von Hand zu einer ansteigenden Kurve (Parabel) zu verbinden.

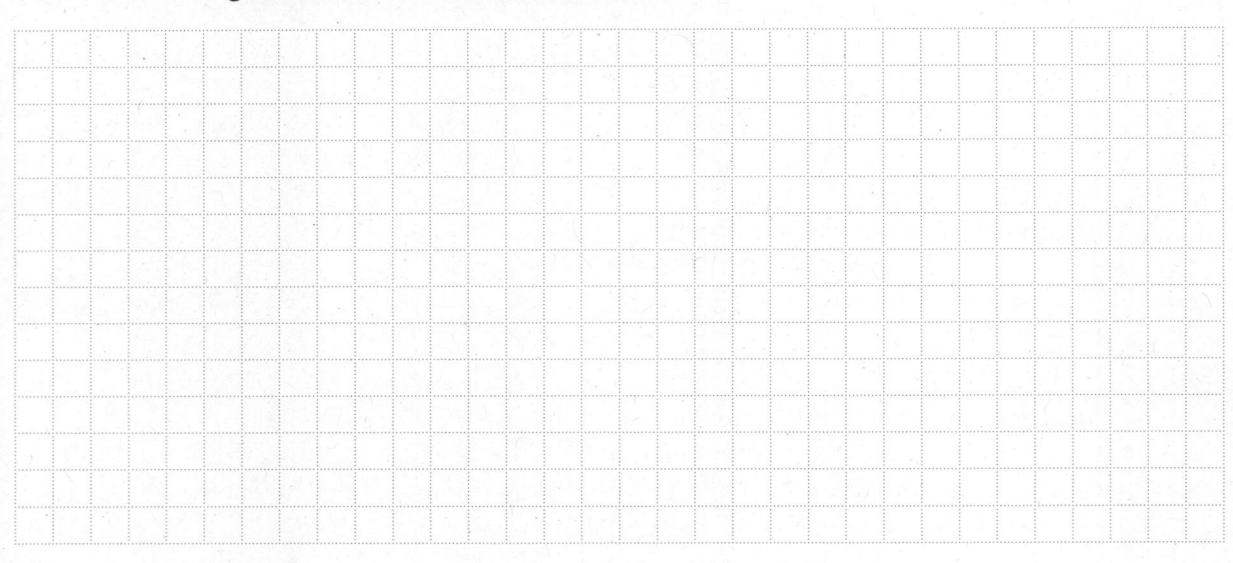

b Beurteilt euer Zeit-Weg-Diagramm. Schreibt auf, wo mögliche Messungenauigkeiten liegen.

c Erklärt in ein bis zwei Sätzen, wie ihr anhand des Zeit-Weg-Diagramms erkennen könnt, ob sich die Stahlkugel beschleunigt bewegt.

3 Weiterdenken

a Schreibt ein weiteres Beispiel einer beschleunigten Bewegungen auf.

b Überlegt, wie ihr untersuchen könntet, ob es sich bei dem Beispiel um eine beschleunigte Bewegung handelt. Schreibt eure Ideen auf.

AM 4.5 N23   BEWEGUNGEN ERKUNDEN

Eine verzögerte Bewegung untersuchen

In diesem AM arbeitest du mit Animationen zur verzögerten Bewegung. Bei den Animationen ist ein Ball zu sehen, der angestossen wurde, geradeaus rollt und dabei immer langsamer wird.

1 Zeit-Weg-Tabelle und Zeit-Weg-Diagramm

a Schau die erste Animation zur verzögerten Bewegung an (▶OM 4.6).

b Übernimm in der Tabelle die Werte, die während der Animation ausgefüllt werden. Runde auf eine Stelle nach dem Dezimalpunkt.

Zeit t in s	0	0.5	1	1.5	2	2.5	3	3.5	4
Weg s in m									

c Erstelle anhand der Werte in der Tabelle ein Zeit-Weg-Diagramm. Verbinde die Punkte im Zeit-Weg-Diagramm.

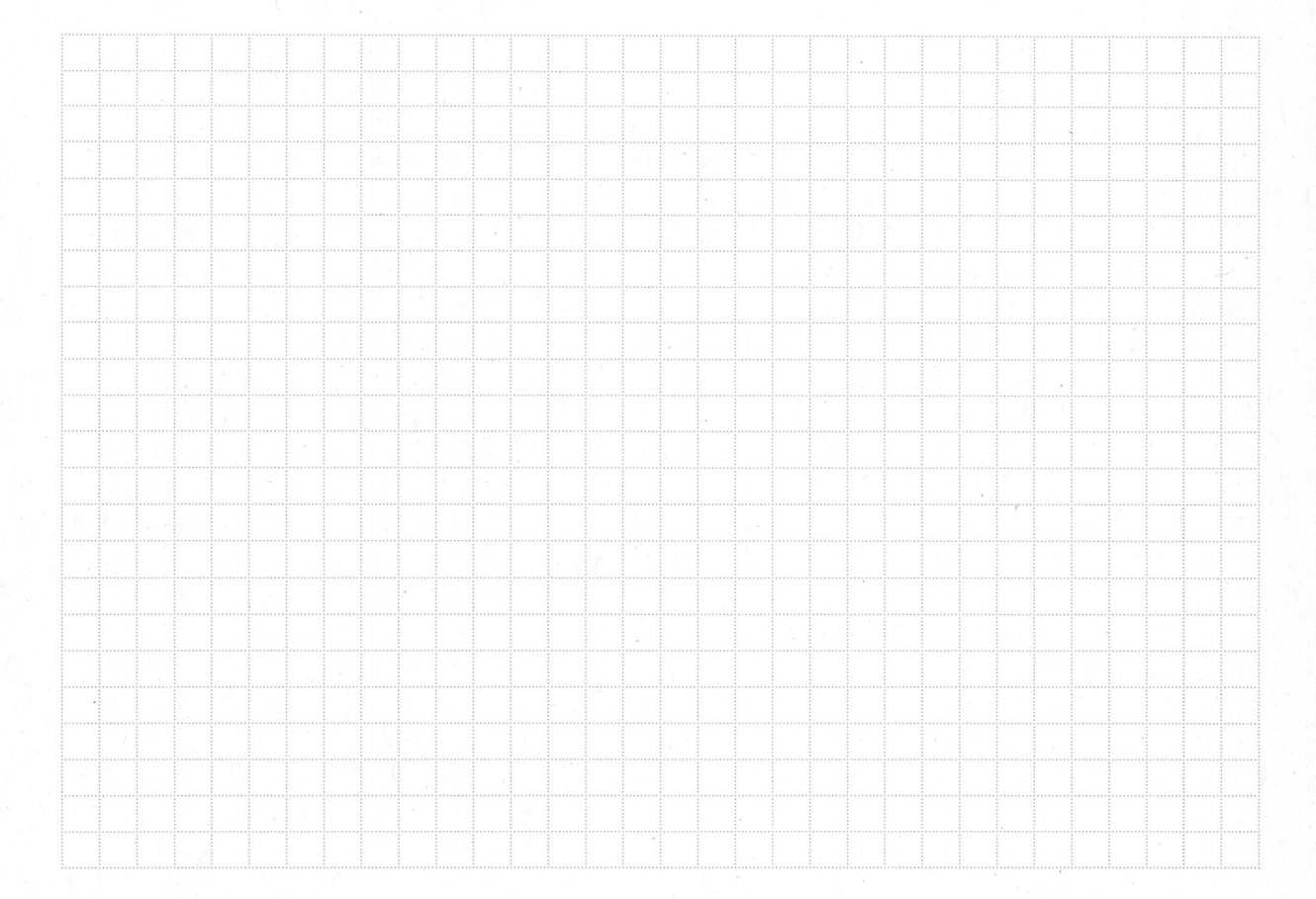

d Beschreibe, wie eine verzögerte Bewegung im Zeit-Weg-Diagramm aussieht.

2 Zeit-Geschwindigkeits-Tabelle und Zeit-Geschwindigkeits-Diagramm

a Schau die zweite Animation zur verzögerten Bewegung an (▶OM 4.6).

b Übernimm in der Tabelle die Werte, die während der Animation ausgefüllt werden. Runde auf eine Stelle nach dem Dezimalpunkt.

Zeit t in s	0	0.5	1	1.5	2	2.5	3	3.5	4
Geschwindigkeit v in $\frac{m}{s}$									

c Betrachte die Werte der Tabelle genau. Schreibe auf, welche Regelmässigkeiten du erkennen kannst. Erkläre diese Regelmässigkeiten anhand der verzögerten Bewegung.

....

....

....

d Erstelle ein Zeit-Geschwindigkeits-Diagramm. Trage die Werte der Tabelle in dein Diagramm ein und zeichne eine Trendgerade.

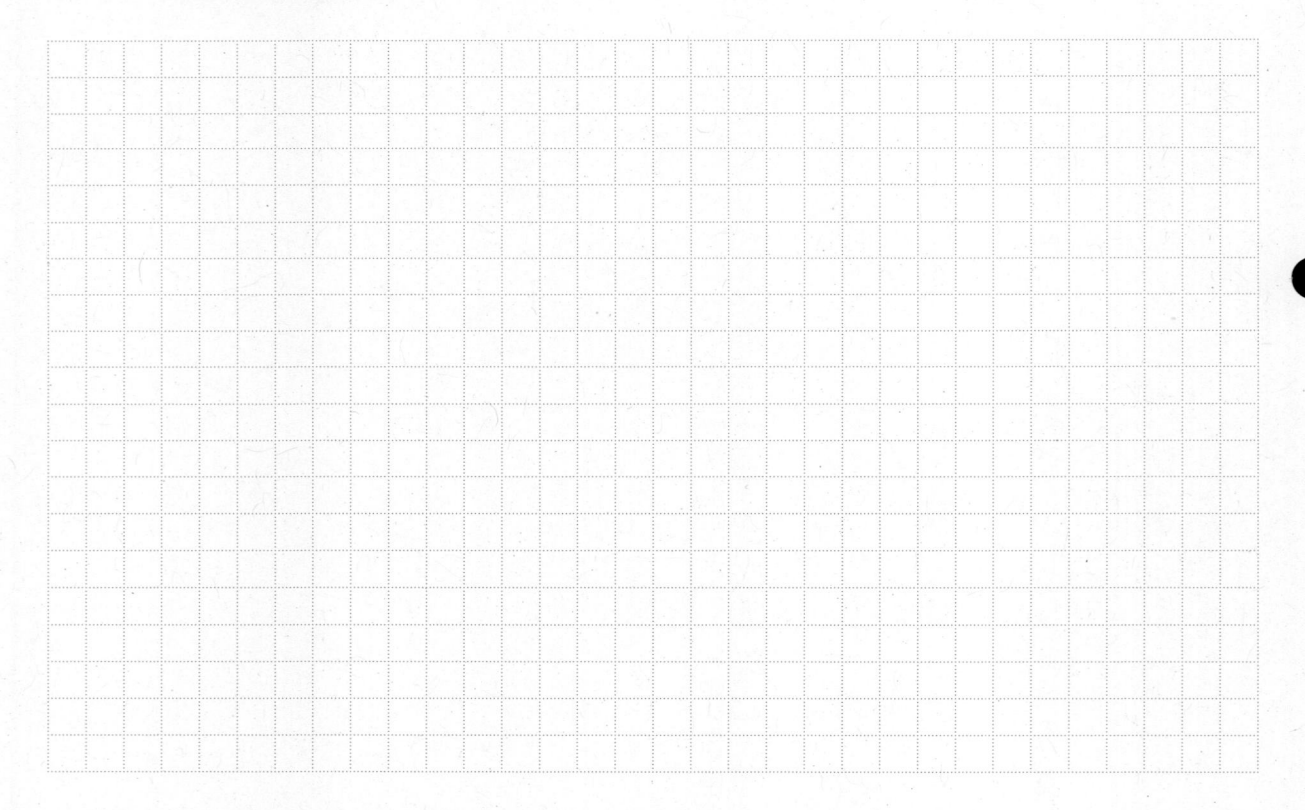

e Beschreibe, wie eine verzögerte Bewegung im Zeit-Geschwindigkeits-Diagramm aussieht.

....

AM 4.6 N2 BEWEGUNGEN ERKUNDEN

Bewegungen in Diagrammen erkennen

1 Zu jedem Zeit-Weg-Diagramm passt eine Geschichte. Verbinde jeweils das Diagramm und die passende Geschichte mit einer Linie.

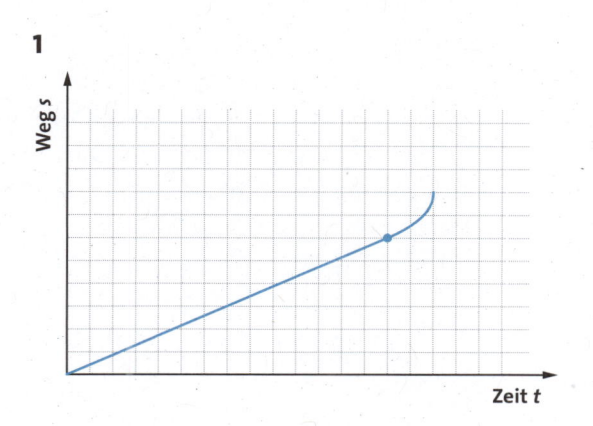

1

(Zeit-Weg-Diagramm: gleichförmiger Anstieg, dann steilerer Anstieg)

A

Jan fährt gleichförmig mit den Inlineskates. Dann bremst er ab und bleibt stehen.

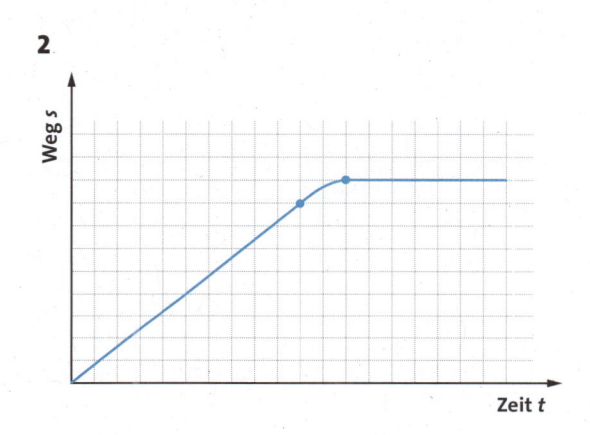

2

(Zeit-Weg-Diagramm: gleichförmiger Anstieg, dann flacher, dann waagrecht)

B

Laura fährt zuerst gleichförmig mit dem Velo. Dann beschleunigt sie.

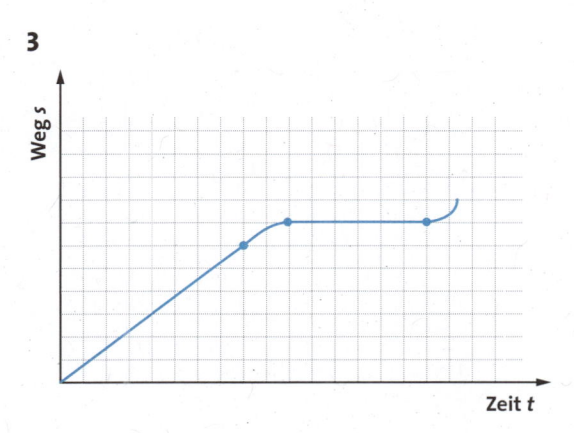

3

(Zeit-Weg-Diagramm: gleichförmiger Anstieg, waagrecht, dann wieder ansteigend)

C

Ein Auto fährt gleichförmig, bremst ab und bleibt dann stehen. Dann beschleunigt es wieder.

2 Zu jedem Zeit-Geschwindigkeits-Diagramm passt eine Geschichte. Verbinde jeweils das Diagramm und die passende Geschichte mit einer Linie.

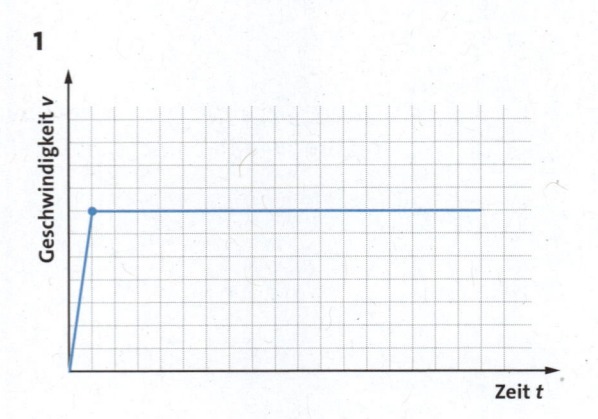

1

A

Ein Auto fährt zuerst gleichförmig, dann beschleunigt und darauf wieder gleichförmig. Am Schluss bremst das Auto ab.

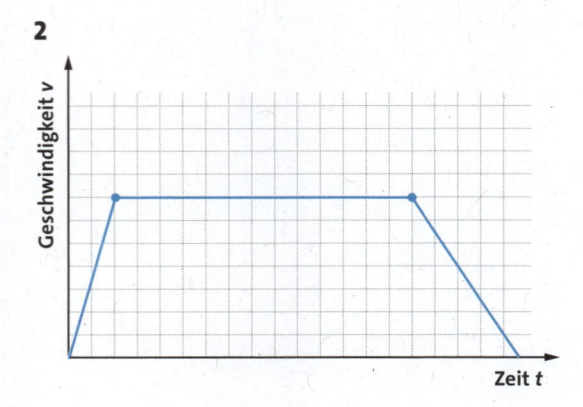

2

B

Chiara beschleunigt zuerst beim Rennen, dann rennt sie mit gleichbleibender Geschwindigkeit weiter.

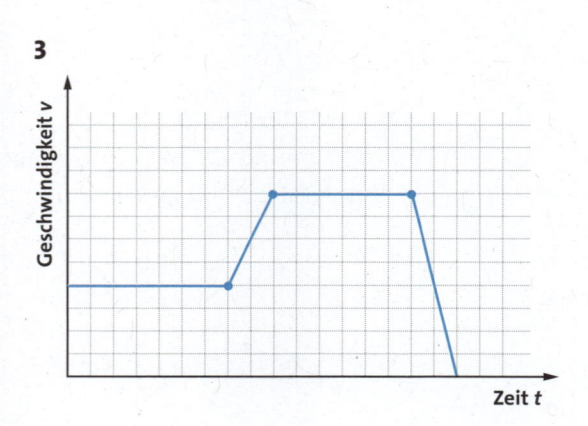

3

C

Marco fährt zuerst beschleunigt und dann gleichförmig mit dem Velo. Am Schluss bremst er ab, bis er zum Stillstand kommt.

3 ↗ Erstelle ein eigenes Zeit-Weg- und ein Zeit-Geschwindigkeits-Diagramm.
– Skizziere dafür einen Bewegungsablauf im Diagramm wie bei Auftrag 1 und 2.
– Schreibe anschliessend je eine zum Diagramm passende Geschichte auf.

AM 5.1 N12 — ENERGIE ERKUNDEN

Energieformen

1 a Finde möglichst viele Energieformen. Die Wörter können von links nach rechts, von oben nach unten, von rechts nach links und von unten nach oben geschrieben sein.

M	Q	E	M	F	F	V	L	K	J	X	B	Q	B	M	U	V	P	G	G	U	C	L	B	E
J	P	I	B	W	X	S	P	A	N	N	E	N	E	R	G	I	E	U	M	I	S	S	W	I
H	X	G	V	H	Y	W	E	V	K	B	E	R	M	C	L	Q	U	M	Q	J	Y	R	D	B
U	G	R	M	F	L	B	J	N	H	U	N	C	W	S	X	Z	P	W	Q	F	Q	K	C	L
M	B	E	L	G	H	K	B	L	P	G	K	R	L	O	N	H	M	Q	K	P	E	L	N	J
G	E	N	E	N	E	R	G	I	E	S	C	H	U	B	O	W	P	H	U	U	I	H	X	D
W	D	E	U	H	J	F	B	C	M	H	C	W	U	J	O	B	H	L	Q	H	G	P	N	T
W	Q	L	E	T	D	V	D	T	H	E	R	M	I	S	C	H	E	E	N	E	R	G	I	E
T	P	L	I	M	S	Q	D	V	D	H	N	S	Z	O	O	T	B	H	M	W	E	B	W	A
G	O	A	G	Q	K	M	H	Q	S	S	Q	L	B	Q	P	U	P	C	M	C	N	J	G	E
N	J	H	R	C	A	R	L	K	F	U	B	G	J	Z	G	D	F	A	L	L	E	X	M	N
Y	R	C	E	L	X	Y	R	Q	B	I	G	K	O	N	U	D	Y	V	V	Y	H	S	I	H	E
B	B	S	N	E	G	G	Y	U	T	V	E	S	U	U	B	D	O	D	M	R	G	H	V	R
Q	I	D	E	M	V	G	O	F	E	D	P	E	L	Q	F	U	N	F	A	F	N	W	V	G
Q	F	E	S	I	U	L	I	J	Y	X	R	R	E	E	U	G	E	R	L	S	U	M	W	I
S	W	X	G	X	X	Q	E	E	P	B	U	W	E	J	Q	N	S	W	L	C	L	B	W	E
I	O	B	N	A	S	T	V	P	T	T	U	B	H	T	T	H	Y	M	E	T	H	O	T	L
D	U	T	U	F	R	O	Z	C	G	D	Y	S	E	C	R	Z	G	T	R	I	A	E	E	I
K	E	I	G	R	E	N	E	E	H	C	S	I	R	T	K	E	L	E	G	D	R	S	B	E
B	P	G	E	T	G	T	P	K	X	K	U	Q	U	D	D	P	K	T	I	U	T	X	C	F
S	V	Y	W	F	U	B	B	B	J	Q	E	B	M	F	D	L	R	N	E	G	S	Z	D	E
O	C	N	E	T	C	H	E	M	I	S	C	H	E	E	N	E	R	G	I	E	N	S	H	R
L	U	J	B	C	X	V	E	F	X	A	D	Q	H	I	N	P	V	X	W	Y	O	H	X	A
X	X	H	D	N	C	H	H	L	A	G	E	E	N	E	R	G	I	E	R	C	O	F	G	N
I	C	F	P	T	T	G	P	N	X	N	U	D	W	T	L	E	P	M	Y	M	B	F	E	T

b Schreibe die Energieformen aus Auftrag 1a auf und erkläre sie.

Diese Energieformen sind versteckt:	Beschreibe in eigenen Worten ein Beispiel, wo diese Energieform vorkommt.

2 Findest du auch die Einheit für die Energie? Schreibe die Einheit auf.

Energieumwandlungen überall

1 Schreibe die Nummer der Energieumwandlung über das passende Bild.

1. Chemische Energie → Bewegungsenergie → Lageenergie
2. Elektrische Energie → Bewegungsenergie → Schallenergie
3. Bewegungsenergie → Bewegungsenergie → elektrische Energie
4. Chemische Energie → Strahlungsenergie und thermische Energie → Bewegungsenergie und Lageenergie
5. Chemische Energie → thermische Energie → Bewegungsenergie
6. Lageenergie → Bewegungsenergie → Lageenergie
7. Bewegungsenergie → Schallenergie
8. Chemische Energie → Strahlungsenergie und thermische Energie
9. Strahlungsenergie → elektrische Energie
10. Lageenergie → Bewegungsenergie

2 Beschreibe die Energieumwandlung zu zwei Bildern deiner Wahl in eigenen Worten.

AM 5.3 N2 ENERGIE ERKUNDEN

Entwickelt eigene Versuche zur Energieumwandlung

Entwickelt im Team zwei Versuche, mit denen ihr die Umwandlung von einer Energieform in eine andere zeigen könnt.

Tipp Eine Beschreibung der Energieformen findet ihr im Grundlagenbuch in Unterkapitel 5.2.

1 Euer erster Versuch: Wärmeschlange

a Baut den Versuch wie in der Skizze auf.

Das braucht ihr
— Nähfaden
— Papier
— 1 Schere
— Rechaudkerze
— Streichhölzer

Papierschlange

Rechaudkerze

b Führt den Versuch durch.

c Beschreibt eure Beobachtung.

....

....

....

d Schreibt auf, welche Energieumwandlung der Versuch zeigt.

.... → ....

2 Jetzt seid ihr dran: Euer zweiter Versuch

> **Das steht euch zur Verfügung**
> – Murmel
> – Schraubenmutter
> – Becherglas
> – Teebeutel
> – Gummiband
> – Klebeband
> – Streichhölzer
> – Knetgummi
> – Alufolie
> – Solarzelle
> – Lämpchen
> – Kabel
> – Krokodilklemmen
> – Batterie

a Skizziert den Aufbau und beschriftet das Material.

b Führt den Versuch durch.

c Beschreibt eure Beobachtung.

d Schreibt auf, welche Energieumwandlung der Versuch zeigt.

.... → ....

3 Stellt euren Versuch einem anderen Team vor, ohne zu sagen, um welche Energieumwandlung es geht. Fragt das andere Team, um welche Energieumwandlung es in eurem zweiten Versuch geht.

AM 5.4 N123   ENERGIE ERKUNDEN

Ein Skateboard in der Halfpipe

1 Öffne die Simulation Energieskatepark (▶OM 5.1).

2 Probiere die Funktionen aus. Wenn du Fragen hast, schreibe sie auf.

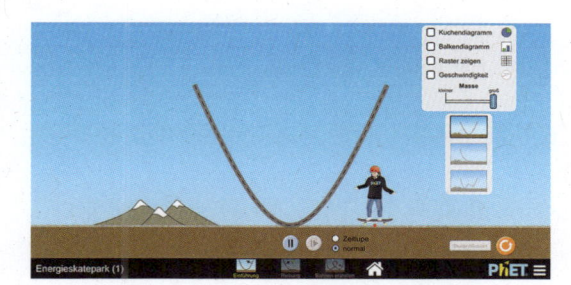

....

....

....

....

3 Was meinst du: Welche der folgenden Aussagen sind richtig, welche nicht?

  a Kreuze in der entsprechenden Spalte deine Vermutung an.

  b Überprüfe die Aussagen mithilfe der Simulation.

Aussagen	Deine Vermutung		Deine Überprüfung	
	stimmt	stimmt nicht	stimmt	stimmt nicht
1 Wenn das Skateboard ganz oben startet, kommt es auf der anderen Seite auf der gleichen Höhe an.				
2 Je höher das Skateboard startet, desto grösser ist unten seine Geschwindigkeit.				
3 Am Anfang hat der Skater nur Bewegungsenergie.				
4 Je leichter der Skater ist, desto höher ist seine Geschwindigkeit.				
5 Wenn der Skater nach oben fährt, wird Bewegungsenergie in Lageenergie umgewandelt.				
6 Unten hat das Skateboard gleich viel Bewegungsenergie und Lageenergie.				

Das Solarauto

1 Bring die Sätze in die richtige Reihenfolge. Nummeriere sie. Einige Nummern sind schon eingetragen.

___ So kann der Elektromotor die elektrische Energie des Solarmoduls in Bewegungsenergie umwandeln.

1 Die Strahlungsenergie der Sonne liefert das Licht für die Solarzelle.

5 Mehrere Solarzellen bilden ein Solarmodul, das mit einem Elektromotor verbunden ist.

7 Damit der Elektromotor funktioniert, muss er mit dem Solarmodul verbunden sein.

___ Das Solarmodul wird mit Drähten am Elektromotor angeschlossen.

___ Die Solarzelle wandelt die Strahlungsenergie der Sonne in elektrische Energie und thermische Energie um.

___ Auch der Elektromotor ist ein Energiewandler.

___ Am Ende können sich nach der zweiten Energieumwandlung im Elektromotor die Räder drehen und das Solarauto fährt los.

3 Daher nennt man die Solarzelle einen Energiewandler.

6 Am Elektromotor befindet sich eine Achse, die sich drehen kann und an der die Räder befestigt sind.

4 Die thermische Energie wird aber nicht mehr genutzt.

2 a Trage die folgenden Energieformen in die Energiewandlungskette ein: thermische Energie, elektrische Energie, Strahlungsenergie und Bewegungsenergie.

b Welche beiden Energiewandler sind an den Umwandlungen beteiligt? Trage sie in die Kreise ein.

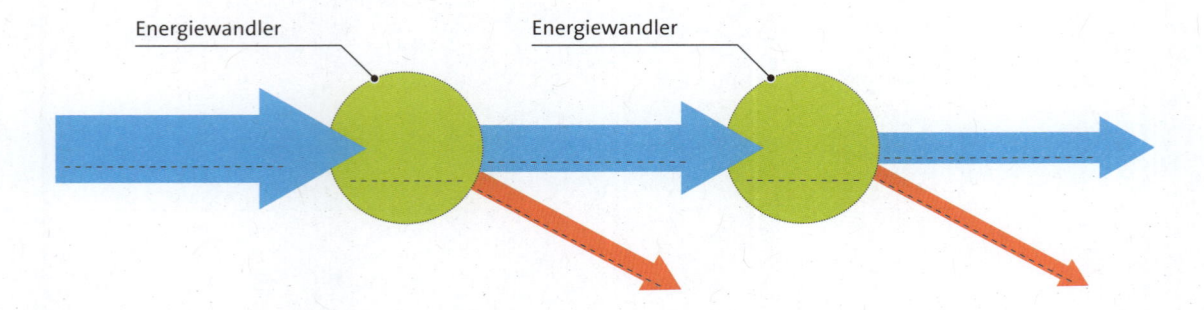

AM 5.6 N123 ENERGIE ERKUNDEN

Dein Lieblingshamburger

Ein Hamburger kann unterschiedlich viel Energie liefern. Dabei kommt es darauf an, was alles auf dem Hamburger drauf ist.

⚑ Gut zu wissen

Die Masseinheit der Energie ist das Joule (J) (ausgesprochen: dschul).
Meistens findest du die Einheit Kilojoule (kJ): 1 kJ = 1000 J.
Manchmal entdeckst du auch die Einheit Kilokalorie (kcal): 1 kcal = 4.2 kJ.

1 Welche Energiemenge steckt in den Nahrungsmitteln? Verbinde eine Energiemenge mit einem Nahrungsmittel.

Tipp Recherchiere im Internet zu den Energiemengen.

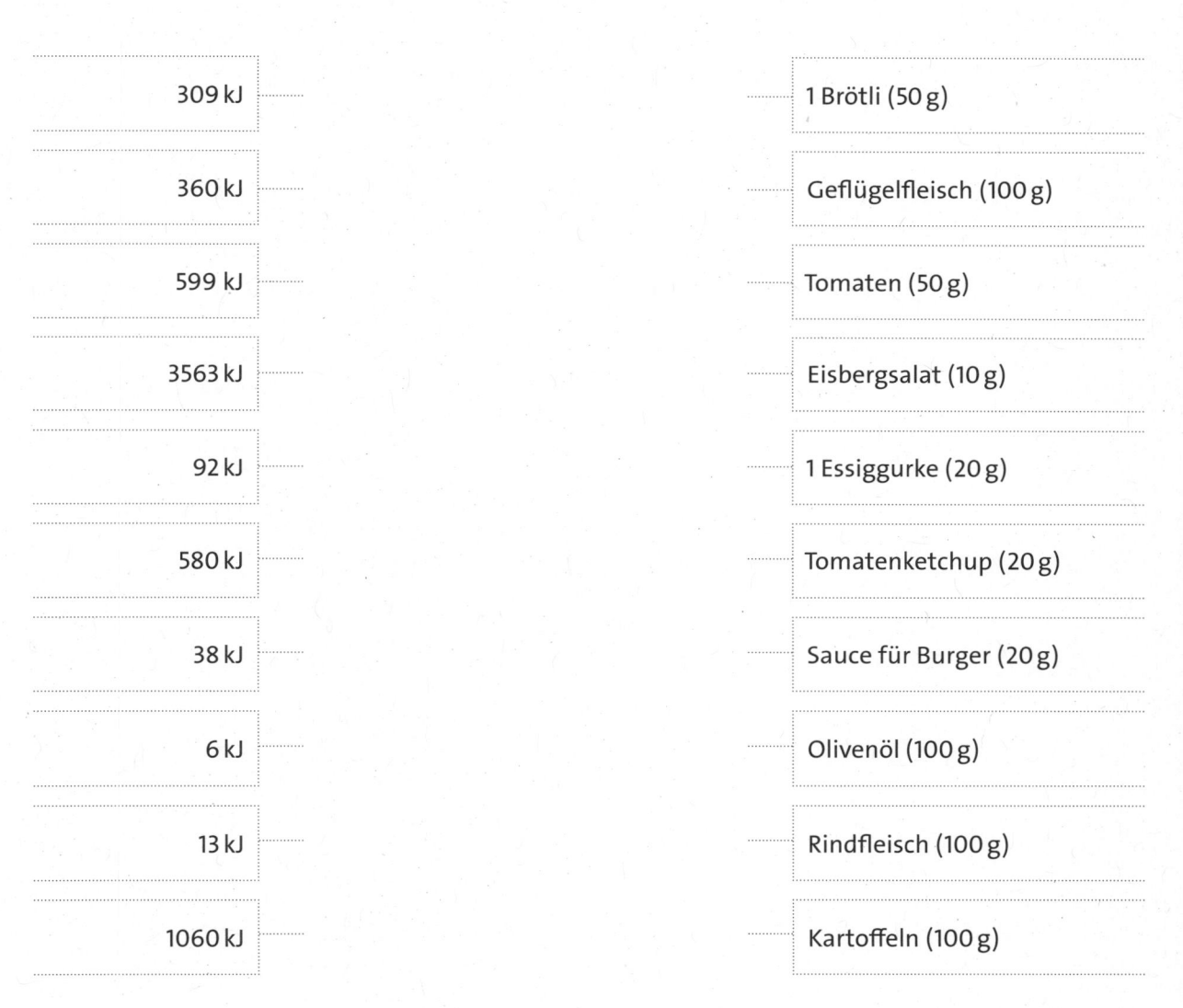

Energiemenge	Nahrungsmittel
309 kJ	1 Brötli (50 g)
360 kJ	Geflügelfleisch (100 g)
599 kJ	Tomaten (50 g)
3563 kJ	Eisbergsalat (10 g)
92 kJ	1 Essiggurke (20 g)
580 kJ	Tomatenketchup (20 g)
38 kJ	Sauce für Burger (20 g)
6 kJ	Olivenöl (100 g)
13 kJ	Rindfleisch (100 g)
1060 kJ	Kartoffeln (100 g)

2 a Stelle deinen Lieblingshamburger aus der Liste der Nahrungsmittel zusammen. Wenn etwas fehlt, kannst du im Internet recherchieren.

b Berechne die Energiemenge deines Hamburgers.

Nahrungsmittel	Menge	Energiemenge
Gesamt		

3 Was musst du tun, um die Energie deines Lieblingshamburgers wieder in Bewegungsenergie umzuwandeln? Nutze Tabelle 1 in Unterkapitel 5.4.

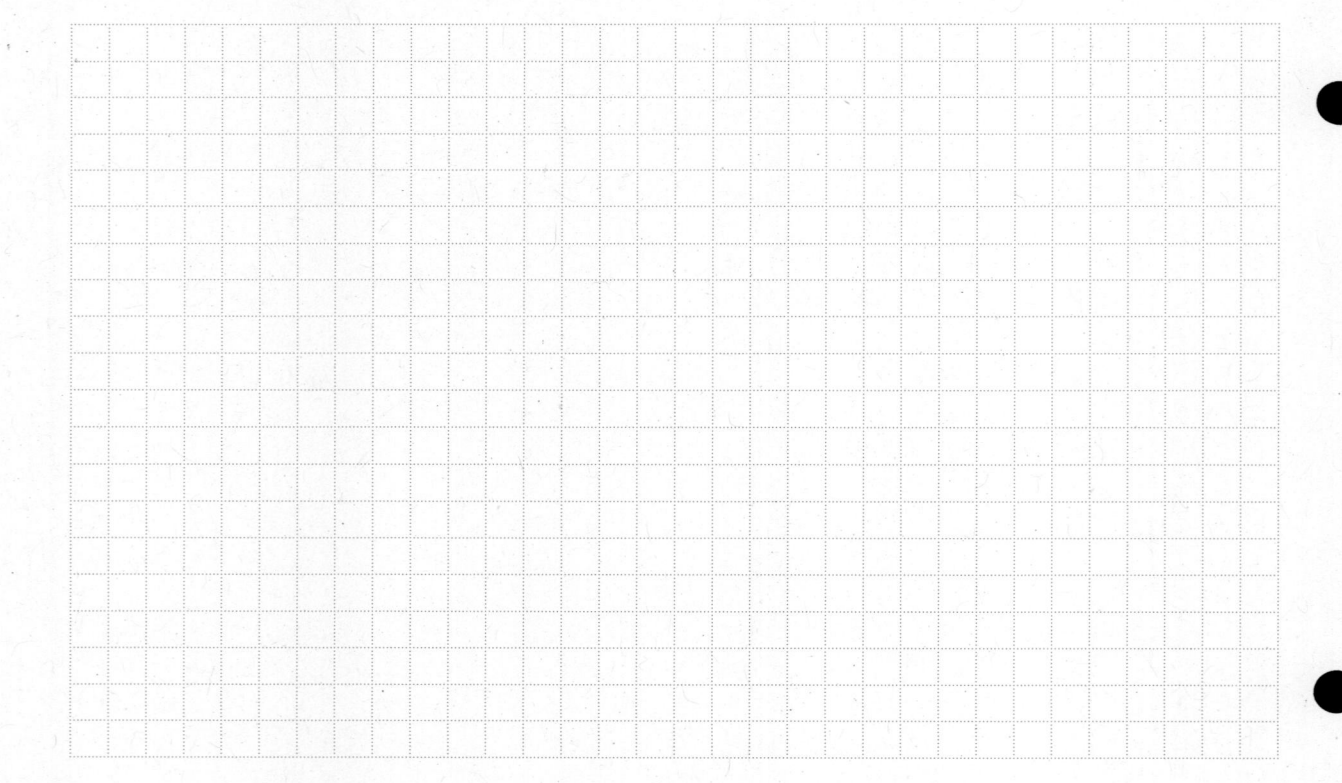

Energieentwertung in der Natur

Alle Lebewesen nutzen Energie. Pflanzen und einige Bakterien können die Strahlungsenergie der Sonne in eigene chemische Energie umwandeln. Dieser Vorgang wird als **Fotosynthese** bezeichnet. Tiere, und auch wir Menschen, können das nicht. Wir nutzen die Energie in Form von chemischer Energie der Nahrung. Manche Lebewesen fressen Pflanzen. Andere Lebewesen fressen andere Tiere. Und wieder andere essen einfach alles, wie wir Menschen das tun. Wenn du das genau durchdenkst, stellst du fest: Eigentlich stammt alle Energie in der Nahrung der Lebewesen vor allem aus Pflanzen. Und da die Pflanzen ihre Energie durch die Umwandlung der Strahlungsenergie der Sonne nutzen, kann man sagen: Die Sonne steht ganz am Anfang aller Energieumwandlungsketten der Natur. Und wie bei jeder Energieumwandlungskette kann die zugeführte Energie nicht vollständig genutzt werden. Der nicht genutzte Anteil wird als entwertete Energie abgeführt.

Die Infografik zeigt dir, wie viel Energie von Pflanzen und Tieren weitergenutzt wird und wie viel Energie abgegeben wird.

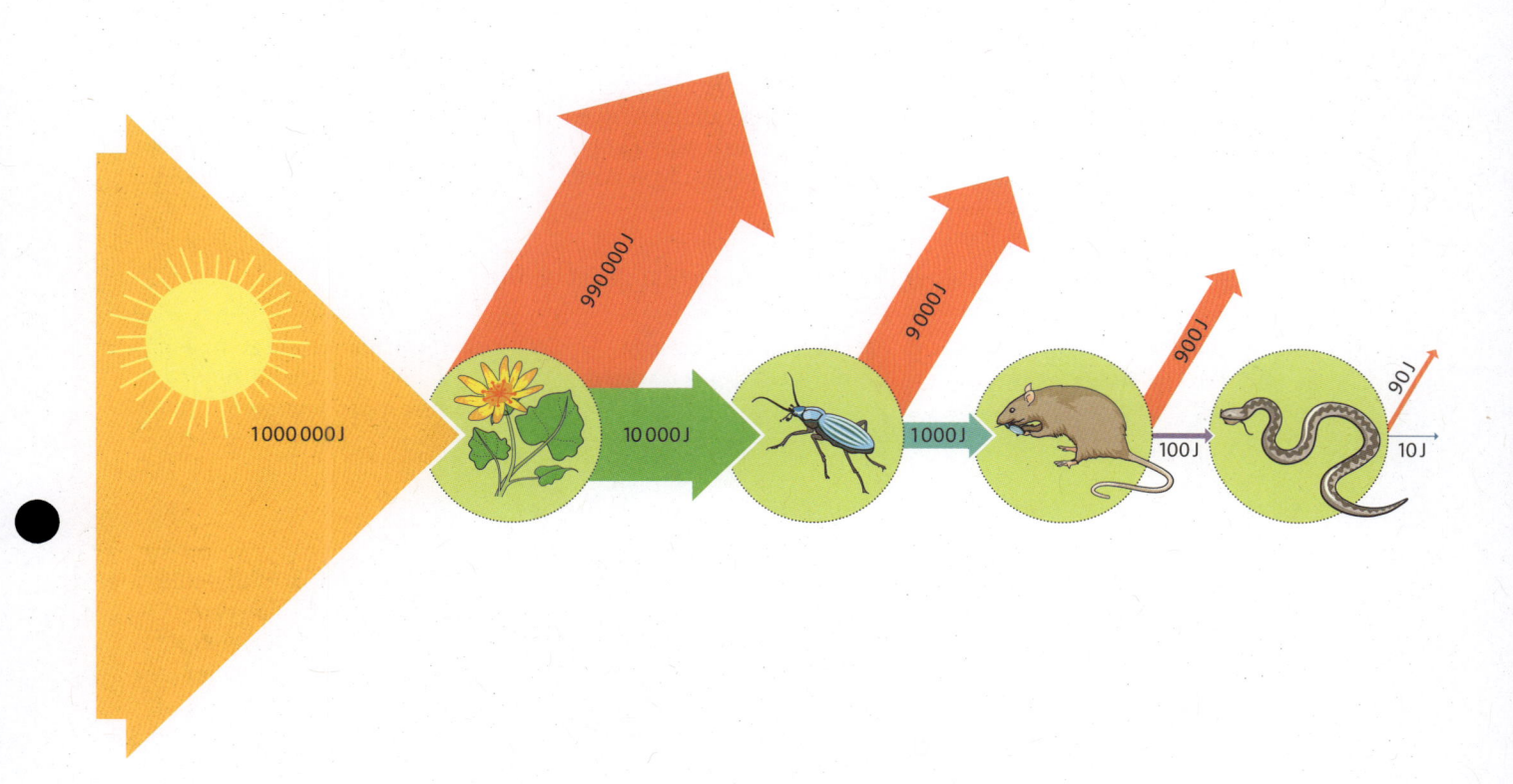

1 Betrachte die Infografik. Markiere die richtigen Antworten.

1. Welche Aussage über die Strahlungsenergie der Sonne ist richtig?

A Von 1 000 000 Joule Strahlungsenergie der Sonne werden nur 10 000 Joule von den Pflanzen genutzt.	**B** Von 1 000 000 Joule Strahlungsenergie der Sonne werden nur 990 000 Joule von den Pflanzen genutzt.	**C** Von 1 000 000 Joule Strahlungsenergie der Sonne werden 10 000 Joule als thermische Energie an die Umgebung abgegeben.

2. Welche Aussage über die Insekten ist richtig?

A Den Insekten stehen 1000 Joule Energie der Pflanzen als Nahrung zur Verfügung.	**B** Den Insekten stehen 10 000 Joule Energie der Pflanzen als Nahrung zur Verfügung.	**C** Den Insekten stehen 9000 Joule Energie der Pflanzen als Nahrung zur Verfügung.

3. Welche Aussage über den Energietransport an die Umgebung ist richtig?

A Nur ein kleiner Teil der Energie wird nicht genutzt oder geht an die Umgebung verloren.	**B** Fast die gesamte Energie wird nicht genutzt oder geht an die Umgebung verloren.	**C** Etwa die Hälfte der Energie wird nicht genutzt oder geht an die Umgebung verloren.

4. Welche Aussage über die Energienutzung der Schlange ist richtig?

A Fast die gesamte Energie steht der Schlange als Nahrung zur Verfügung.	**B** Die Schlange braucht nur 10 Joule als Nahrung.	**C** Die Schlange nutzt nur ein Zehntel der zur Verfügung stehenden Energie.

5. Welche Aussage über die Energienutzung der Maus ist richtig?

A Die Maus nutzt 100 Joule Energie aus den Insekten, die sie frisst. 9900 Joule Energie bleiben ungenutzt oder werden in die Umgebung transportiert.	**B** In der Maus bleiben 9900 Joule Energie aus den Insekten, die sie frisst. 100 Joule Energie bleiben ungenutzt oder werden in die Umgebung transportiert.	**C** Die Maus nutzt 1000 Joule Energie aus den Insekten, die sie frisst, und der Rest der Energie bleibt in den Pflanzen.

AM 5.8 N123

ENERGIE ERKUNDEN

Heisse oder kalte Dose

Du und dein Team werden heute zu Ingenieurinnen und Ingenieuren. Setze dein Wissen über Wärmestrahlung, Wärmeströmung und Wärmeleitung ein, um ein Gerät zu entwickeln. Das Gerät soll das Wasser in einer Dose so warm wie möglich oder so kühl wie möglich halten.

Das braucht ihr
- zwei leere, saubere Getränkedosen
- Thermometer
- Stoppuhr
- Schere
- Klebeband
- Schnur

Das steht euch auch zur Verfügung
- schwarzes und weisses Papier oder Karton
- Stoffreste
- Styropor oder Verpackungsstücke
- Luftpolsterfolie
- Zeitungen
- Steppdecke
- Aluminiumfolie
- Plastiktüten

1 Entscheidet euch für eine der beiden Aufgaben. Kreuzt an:

☐ Entwickelt zusammen eine Möglichkeit, das Wasser in der Getränkedose kalt zu halten.

☐ Entwickelt zusammen eine Möglichkeit, das Wasser in der Getränkedose warm zu halten.

2 a Wie könnt ihr dafür sorgen, dass das Wasser in der Dose warm oder kalt bleibt? Schreibt eure Ideen auf. Nutzt dabei euer Wissen zu Wärmestrahlung, Wärmeströmung und Wärmeleitung.

....
....
....
....
....

b Zeichnet eure Idee als Skizze.

3 Führt Messungen durch.

a   Verändert *eine* Dose so, dass sie Wasser möglichst lang kalt/warm hält, wie ihr es in Auftrag 2 geplant habt.

b   Füllt beide Dosen mit 4 °C kaltem / 60 °C warmem Wasser.

c   Überwacht 20 min lang die Temperatur in beiden Dosen.

d   Messt alle 5 min die Temperatur und schreibt sie in die Tabelle.

e   Übertragt eure Messungen in das Diagramm.

Messung nach ... min	Temperatur des Wassers T in Dose 1 in °C	Temperatur des Wassers T in Dose 2 in °C
0		
5		
10		
15		
20		

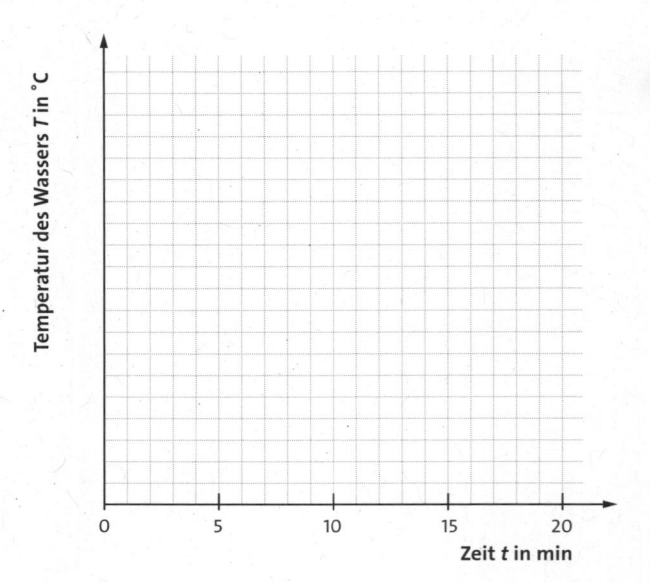

f   Schreibt auf, um wie viele °C sich die Temperatur des Wassers verändert hat.

....

4   Hat eure Idee funktioniert, um die Dose warm/kalt zu halten?
Erklärt, warum oder warum nicht.

....

....

....

....

AM 5.9 N12 ENERGIE ERKUNDEN

Warum friert der Eisbär nicht?

1 Lies den Text über die Eisbären durch.

  a Markiere alle Energieformen im Text blau.

  b Markiere die Wörter Wärmestrahlung und Wärmeleiter rot.

  c Markiere die Wörter Isolator, Isolation und isolieren gelb.

Eisbären (Bild 1) leben mit dem treibenden Eis im Meer um den Nordpol. Selbst im Sommer ist es dort nicht besonders heiss. Drei Dinge helfen dem Eisbären, damit er nicht friert: seine Haare, seine Haut und seine Fettschicht unter der Haut.

Das Eisbärenfell hat eine gelbweisse Farbe. Das liegt daran, dass seine durchsichtigen Haare wie bei einem Schwamm mit Luft gefüllt sind. Luft ist ein sehr schlechter Wärmeleiter. Deshalb wirken die luftgefüllten Haare als Isolatoren. So bleibt die thermische Energie besser im Eisbären und wird nicht in die Umgebung transportiert. Seine dichten Haare isolieren den Eisbären so stark, dass die Temperatur an der Oberfläche seines Fells und die Umgebungstemperatur fast gleich sind. Eisbären sieht man deshalb auch mit einer Thermobildkamera fast nicht (Bild 2).

Die durchsichtigen Haare des Eisbären lassen Sonnenlicht durch. Dadurch gelangt Wärmestrahlung der Sonne zur Haut. Im Gegensatz zum Fell ist die Haut des Eisbären aber schwarz. Schwarze Farbe absorbiert die Wärmestrahlung besser als weisse Farbe. Mit seiner schwarzen Haut kann der Eisbär die Strahlungsenergie der Sonne optimal nutzen und in thermische Energie umwandeln.

Unterhalb der Hautschicht sorgt eine dicke Fettschicht zusätzlich für eine sehr gute Isolation. Auch die Fusssohlen des Eisbären haben ein dichtes Fell, das die Füsse wie ein Schuh schützt und ein Ausrutschen auf dem Eis verhindert. Die vorderen Tatzen haben auch Schwimmhäute. Die Füsse der Eisbären sind also Schneeschuhe und Paddel in einem. So ist er optimal an die Kälte angepasst und kann im 8 °C kalten Wasser ohne Probleme schwimmen.

Bild 1 Ein Eisbär im Wasser

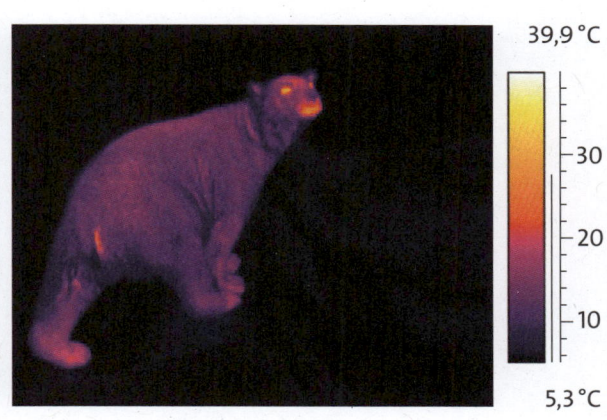

Bild 2 Thermobild eines Eisbären

2 Erkläre jemandem aus deiner Klasse mithilfe der Skizze vom Eisbärenfell (Bild 3), warum ein Eisbär nicht friert.

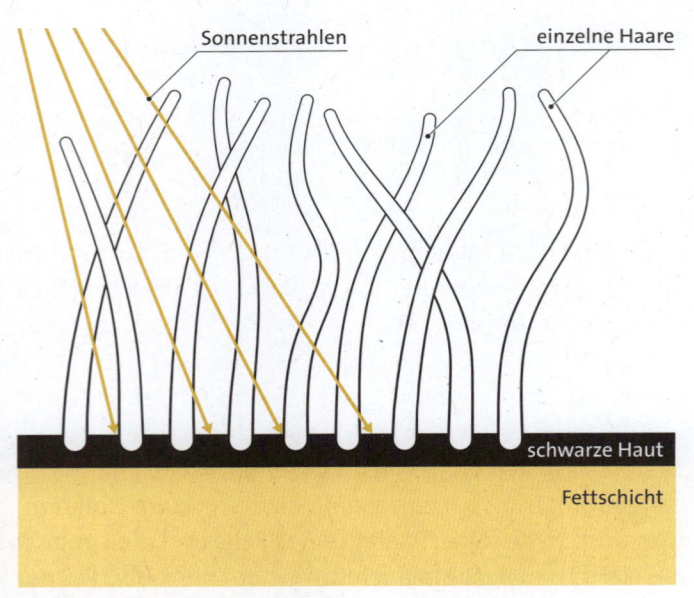

Bild 3 Eisbärenfell

3 Betrachte die Skizzen von Eisbärenfell und Thermoskanne (Bild 4). Mia und Max diskutieren, dass das Eisbärenfell wie eine Thermoskanne funktioniert. Stimmt dieser Vergleich? Beschreibe die Gemeinsamkeiten und Unterschiede zwischen Thermoskanne und Eisbärenfell.

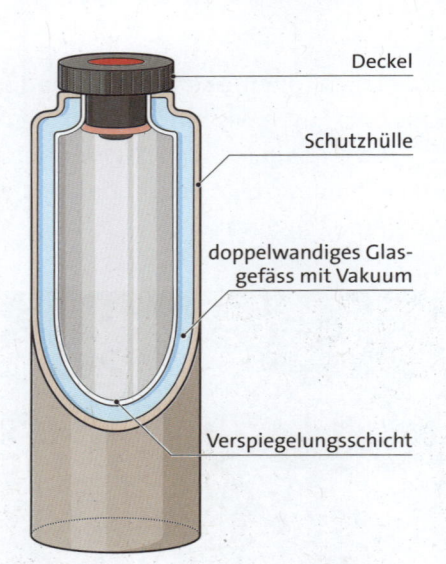

Bild 4 Thermoskanne

AM 5.10 N2   ENERGIE ERKUNDEN

Energiewürfel als Modell

Im Grundlagenbuch hast du die Energieerhaltung für das Knicklicht kennen gelernt.
Die Energiewürfel helfen dir, den Überblick über die Energieformen zu behalten.
Mit diesem AM wiederholst du die wichtigen Begriffe und überprüfst, ob du verstanden
hast, was eine Energieerhaltung ist. Auf den sechs Seiten des Energiewürfels sind
folgende Energieformen:

B: Bewegungsenergie
C: Chemische Energie
T: Thermische Energie
L: Lageenergie
E: Elektrische Energie
S: Strahlungsenergie /
Spannenergie / Schallenergie

Diese Regeln gelten für das Drehen und Schieben der Energiewürfel:

Energie wird umgewandelt: ↻ Drehen

Energie wird transportiert: → Schieben

1 Stell dir die folgende Situation vor: Eine Schraubenmutter rutscht eine schiefe Ebene (zum Beispiel ein Lineal) hinunter.

a Beschreibe in Stichworten, wie die Energieumwandlung abläuft.

b Welche Energieformen sind am Anfang und am Ende des Vorgangs vorhanden?

Energieform am Anfang:

Energieform am Ende:

c Zeichne und beschrifte eine Skizze der Situation.

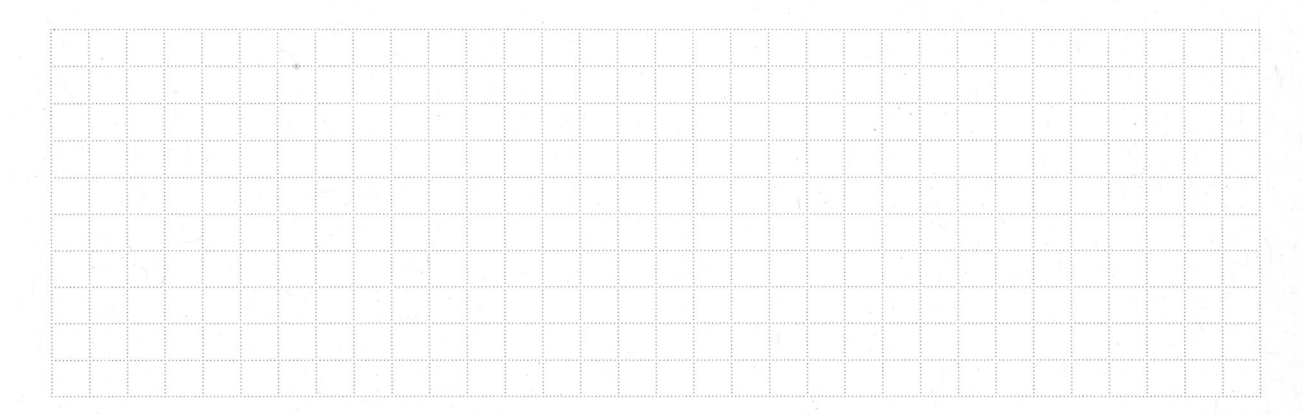

d Welche Energieformen nimmt die Energie *zwischen* dem Anfang und dem Ende der Energieumwandlungen an?

....

....

....

e Spiele die Situation mit Energiewürfeln nach.

f Ist etwas nicht klar? Schreibe deine Fragen auf.

....

....

....

g Zeichne das Energiewürfelszenario mit drei Bildern. Das Szenario soll zeigen, was du gemacht hast. Falls du nicht weiterweisst, siehe im Grundlagenbuch in Unterkapitel 5.6 nach.

Energieformen am Anfang: Energieformen zwischendrin: Energieformen am Ende:

Tipp Verwende für die Energieformen die Abkürzungen B, C, T, L, E und S.

AM 5.11 N23 — ENERGIE ERKUNDEN

Energie im Stromkreis geht nicht verloren

Eine Batterie hat eine bestimmte Menge an chemischer Energie. Erst wenn der Stromkreis geschlossen ist, beginnt eine Energieumwandlung.

1 Spiele das Beispiel mit der Batterie mit den Energiewürfeln durch. Unterscheide zwischen Energieumwandlung und Energietransport. Sieh im Grundlagenbuch im Unterkapitel 5.6 nach, wenn du nicht weiterweisst.

2 Ordne die fünf Texte den richtigen Bildern zu.

1
Am Ende ist die ganze chemische Energie in thermische Energie umgewandelt worden.
Alle Würfel sind auf T gedreht und befinden sich in der Umgebung.

2
Die Batterie hat chemische Energie. Der Schalter ist geöffnet und es fliesst noch kein elektrischer Strom.
Ich nehme für die Energiemenge 6 Energiewürfel. Zu Beginn des Vorgangs zeigen alle Energiewürfel oben C für chemische Energie.

3
Es wird immer mehr chemische Energie der Batterie in elektrische Energie umgewandelt. Die elektrische Energie wird in Strahlungsenergie und thermische Energie umgewandelt und in die Umgebung transportiert.
Alle Würfel müssen gedreht werden und die S-Würfel und T-Würfel in die Umgebung verschoben werden.

4
Es wird immer mehr chemische Energie in elektrische Energie und dann in Strahlungsenergie und thermische Energie umgewandelt.
Es werden wieder die Würfel gedreht und die S- und T-Würfel in die Umgebung geschoben.

5
Sobald der Schalter geschlossen wird, fliesst der elektrische Strom und die Lampe leuchtet. Dabei finden mehrere Energieumwandlungen fast gleichzeitig statt: Die chemische Energie wird in elektrische Energie umgewandelt.
Drei Würfel werden von C auf E gedreht.
Diese elektrische Energie wird in der Lampe dann in Strahlungsenergie (Licht) und in thermische Energie umgewandelt und in die Umgebung transportiert.
Zwei der Würfel mit E werden in einen Würfel mit S und einen Würfel mit T gedreht und in die Umgebung verschoben.

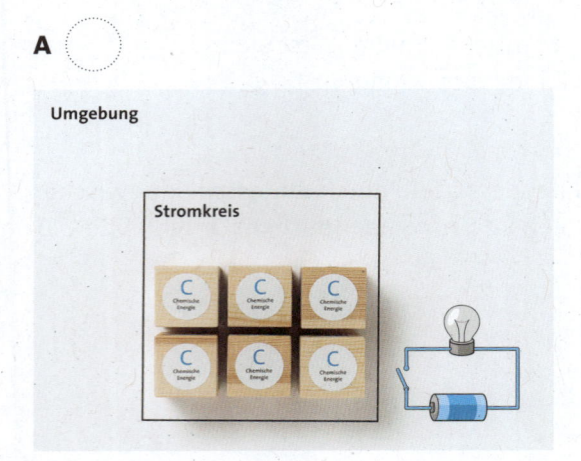

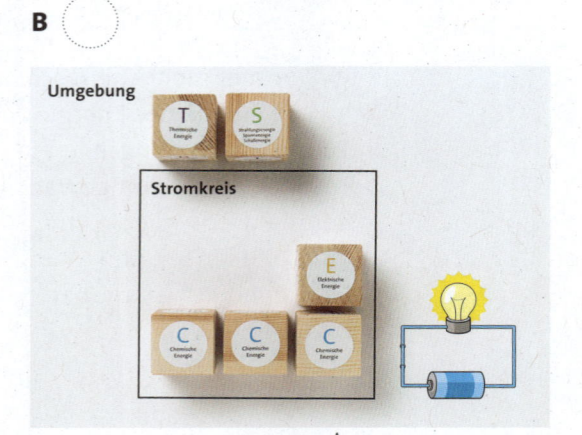

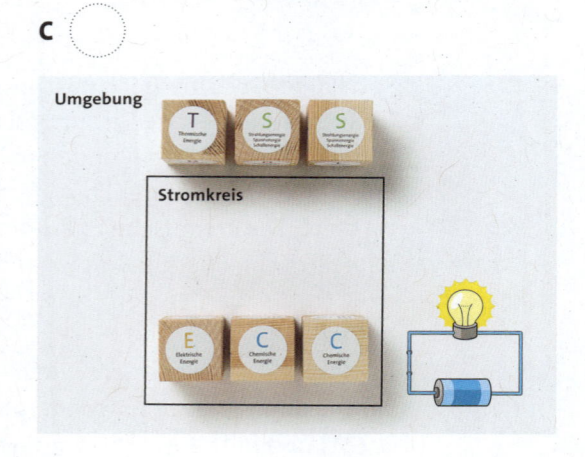

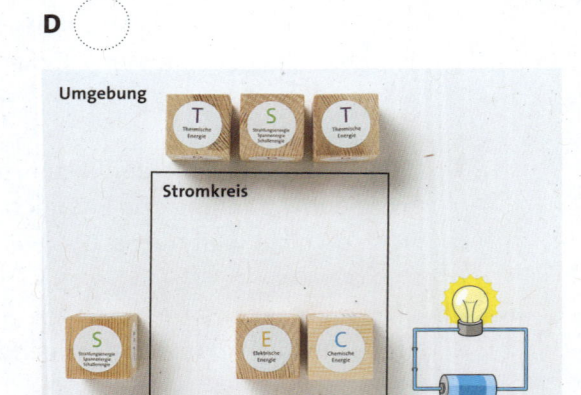

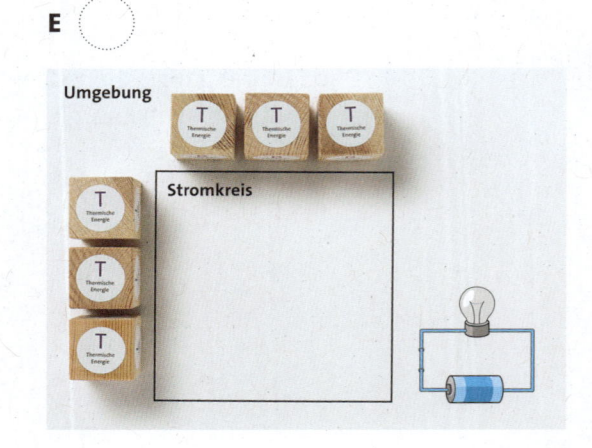

A ◯

Umgebung

Stromkreis

B ◯

Umgebung

Stromkreis

C ◯

Umgebung

Stromkreis

D ◯

Umgebung

Stromkreis

E ◯

Umgebung

Stromkreis

AM 5.12 N123   ENERGIE ERKUNDEN

Baut eure eigene Achterbahn

Den Auftrag und die Bauanleitung zum Bau einer Papierachterbahn findet ihr in OM 5.8 und OM 5.9. Arbeitet zu zweit oder zu dritt.

1 Lest den Auftrag (▶**OM 5.8**) genau durch und schaut die Bauanleitung (▶**OM 5.9**) genau an.

2 Diskutiert gemeinsam, wie eure Bahn aussehen soll.

3 Zeichnet eure Idee.

4 Beschreibt an drei Stellen eurer Achterbahn mithilfe der Energiewürfel, welche Energieformen vorkommen. Schreibt die Nummern 1, 2 und 3 neben die Stelle der Achterbahn, um die es geht.

Stelle 1:

....

....

....

Stelle 2:

....

....

....

Stelle 3:

....

....

....

Zum Beispiel: Kugel oben im Looping: Von insgesamt zehn Energiewürfeln sind vier mit einem B für Bewegungsenergie und drei mit einem L für Lageenergie bei der Murmel und drei mit einem T für thermische Energie ausserhalb des Loopings.

5 Fertig mit der Planung? Dann nichts wie los: Baut die Papierachterbahn.

6 Nach dem Bau eurer Achterbahn beginnt die Testphase. Die Murmel wird am Start losgelassen und es wird die Zeit vom Start bis ins Ziel gestoppt.
Fällt die Murmel zu Boden oder bleibt stecken, schreibt ihr «ungültig» auf.

Versuch 1 .... Sekunden

Versuch 2 .... Sekunden

Versuch 3 .... Sekunden

Versuch 4 .... Sekunden

Versuch 5 .... Sekunden

Durchschnittszeit für alle Versuche: .... Sekunden

Wie der Gasbrenner funktioniert

Mit diesem AM übt ihr das Arbeiten mit einem Gasbrenner. Arbeitet zu dritt.

⚠ Beachtet
Beachtet die Experimentierregeln im Grundlagenbuch in Unterkapitel 6.2, bevor ihr die folgenden Aufträge zum Gasbrenner ausführt.

Das braucht ihr
- 1 Schutzbrille pro Person
- Haargummi für lange Haare
- 1 feuerfeste Unterlage
- 1 Gasbrenner
- 1 Feuerzeug oder Streichhölzer
- 2 Reagenzgläser
- 1 Magnesiastäbchen

1 Die Brennerflamme entzünden
a Überprüft, ob die Gaszufuhr und die Luftzufuhr geschlossen sind.

b Entzündet das Feuerzeug oder das Streichholz.

c Öffnet die Gasregulierung und entzündet sofort das ausströmende Gas.

Das Gas brennt mit leuchtender Flamme.

2 Unterschiedlich heisse Flammen einstellen
Öffnet langsam die Luftregulierung, bis die Flamme bläulich mit hellerem Innenkegel leuchtet.

Das Gas brennt mit rauschender Flamme.

⚠ Vorsicht
Besonders die heisse, rauschende Flamme kann man leicht übersehen und sich daran verbrennen. Daher solltet ihr eine leuchtende Flamme einstellen oder den Brenner ganz ausstellen, wenn ihr gerade keine heisse Flamme braucht.

3 Den Russ sichtbar machen
a Stellt eine leuchtende Flamme ein.
- Haltet ein Reagenzglas über diese Flamme.
- Haltet das Reagenzglas vor ein weisses Blatt Papier.
- Beschreibt, wie das Reagenzglas aussieht.

b Stellt nun eine rauschende Flamme ein.
- Haltet wieder ein Reagenzglas über die Flamme.
- Betrachtet das Reagenzglas genau.
- Beschreibt, welchen Unterschied ihr zu Auftrag a feststellt.

4 Die Temperatur der Flamme untersuchen

a Haltet ein Magnesiastäbchen wie im Bild in die verschiedenen Flammen. Wenn das Magnesiastäbchen aufglüht, ist die Flamme besonders heiss.

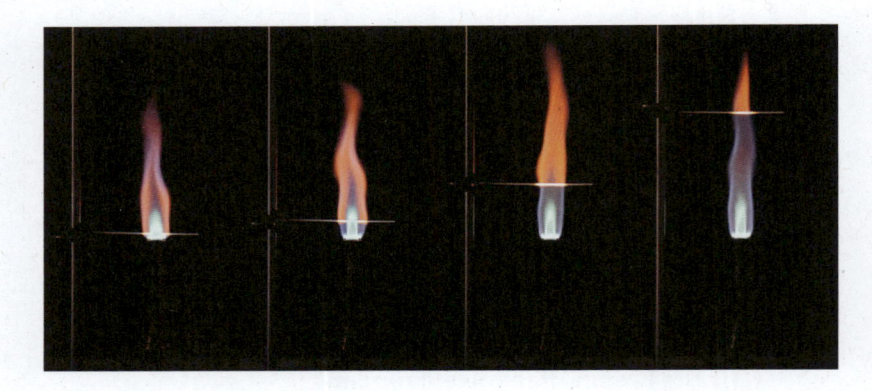

b Wo ist die Flamme besonders heiss? Zeichnet für euren Brenner, wo die rauschende und wo die leuchtende Flamme ihre heissesten Stellen haben.

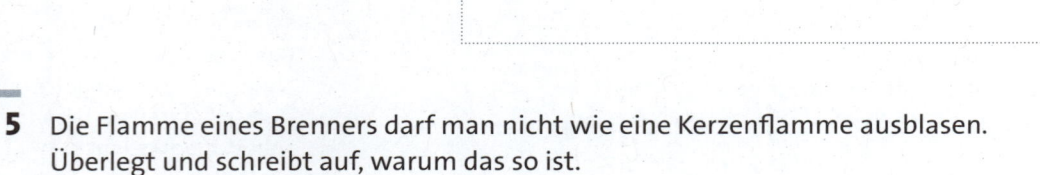

5 Die Flamme eines Brenners darf man nicht wie eine Kerzenflamme ausblasen. Überlegt und schreibt auf, warum das so ist.

6 Ihr stellt Gasgeruch im Raum fest. Beschreibt, was ihr tun müsst.

Weiterdenken

7 Überlegt: Warum ist die rauschende Flamme heisser als die leuchtende Flamme?

8 Überlegt: Warum enthält die leuchtende Flamme viele Russteilchen?

Gefahrensymbole

1 Beschreibe die GHS-Symbole:

  a Nenne zu jedem Symbol den passenden Begriff (zum Beispiel ätzend).

  b Nenne zu jedem Symbol ein Stoffbeispiel (zum Beispiel Benzin).

GHS-Symbol	Begriff	Stoffbeispiel	Verhaltensanweisung
(Flamme)			(kein Feuer)
(Ätzwirkung)			(Handschuhe, Schutzbrille, nicht berühren, nicht essen) nicht einatmen
(Ausrufezeichen)			(Schutzbrille, nicht essen)
(Umwelt)			nicht ins WC giessen Freisetzung in die Umwelt vermeiden
(Gasflasche)			kühl oder im Schatten aufbewahren
(Flamme über Kreis)			(kein Feuer) nicht gemeinsam mit brennbaren Stoffen aufbewahren

GHS-Symbol	Begriff	Stoffbeispiel	Verhaltensanweisung
☠ (Totenkopf)			🧤 👓 🚫 🚫 nicht einatmen
(Gesundheitsgefahr)			👓 🚫 nicht einatmen
(Explodierende Bombe)			👓 🚫 🚫 vor Gebrauch besondere Anweisungen einholen
Bei jeder Laborarbeit mit Gasbrennern oder mit gefährlichen Stoffen			👓 🚫 🚫 🚫 🚫 vor dem Start besondere Anweisungen einholen

Volumenbestimmung

Wenn du eine bestimmte Menge einer Flüssigkeit abmessen möchtest, brauchst du Laborgeräte mit Volumenkennzeichnung. Bechergläser und Erlenmeyerkolben sind mit einer Volumenkennzeichnung versehen, die sich nur zum *groben Abmessen* von Flüssigkeiten eignet.

Zum *genauen Abmessen* verwendest du Messzylinder, Messpipetten und Büretten.

1 Ist dir aufgefallen, dass bei Messzylindern 0 ml ganz unten an der Skala angezeigt wird und die Zahlenwerte nach oben zunehmen? Bei den Messpipetten und Büretten ist es gerade umgekehrt: 0 ml steht ganz oben und die Zahlenwerte nehmen nach unten zu.

Überlege und diskutiere mit jemandem aus deiner Klasse: Was ist der Grund für diesen Unterschied?

2 Diese Messpipette zeigt genau 35.7 ml an:

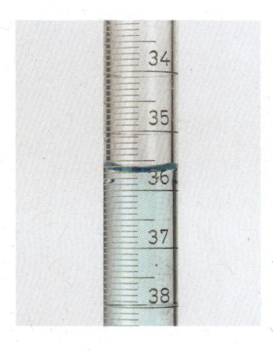

Schreibe auf, was diese Messzylinder und Messpipetten anzeigen:

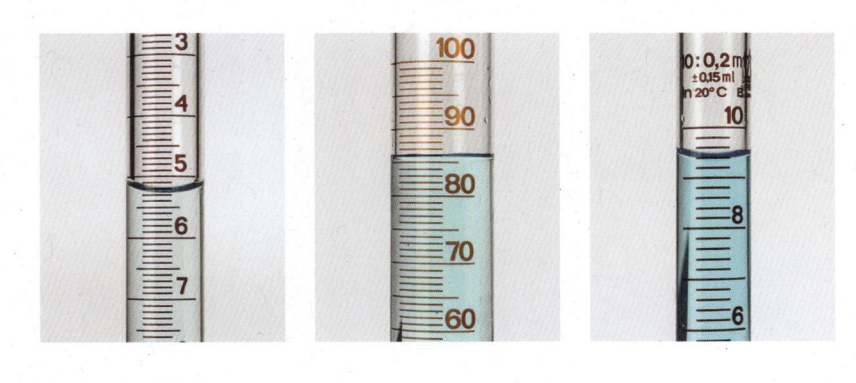

.... ml   .... ml   .... ml

3 Messt selbst
Arbeitet zu zweit.

Das braucht ihr
– 1 Messzylinder 100 ml
– 1 Messzylinder 10 ml
– 1 Becherglas 100 ml
– 1 Spritzflasche mit Wasser
– 1 Pipette
  inkl. Pipettensauger

a Messt mit einem Messzylinder genau 100 ml Wasser ab. Giesst dieses Wasser in ein Becherglas.

Gebt an, wie viele ml Wasser das Becherglas anzeigt.

....

Vermutet und schreibt auf, wie genau die Volumenkennzeichnung beim Becherglas ist.

....

....

b Messt mit einem 10-ml-Messzylinder fünfmal genau 10 ml Wasser ab und giesst diese 5 Portionen in den grossen Messzylinder (100 ml).

Gebt an, wie viele ml Wasser der grosse Messzylinder nach fünf Portionen anzeigt.

....

Entsprechen fünfmal 10 ml genau 50 ml oder gibt es Abweichungen? Beschreibt eure Beobachtung.

....

....

Überlegt und schreibt auf, warum das so ist.

....

....

....

Massenbestimmung

Mit der Küchenwaage (Bild 1) kannst du grosse Mengen abwägen. Je nach Waage kannst du eventuell nur auf 20 bis 50 Gramm genau ablesen und abmessen.

Im Labor werden Präzisionswaagen (Bild 2) verwendet. Sie messen auf Zehntelgramm oder Hundertstelgramm genau. Man kann nur kleine Mengen abwägen.

Behandle Präzisionswaagen sorgfältig:
– Überlaste die Waage nicht. Die maximale Belastbarkeit ist auf der Waage angegeben.
– Chemikalien dürfen nie direkt auf der Waagschale abgewogen werden. Benutze immer ein Papier oder ein Becherglas.
– Bereits ein kleiner Luftzug oder das Wackeln des Tisches genügt, damit die Anzeige schwankt und du nicht mehr genau ablesen kannst.

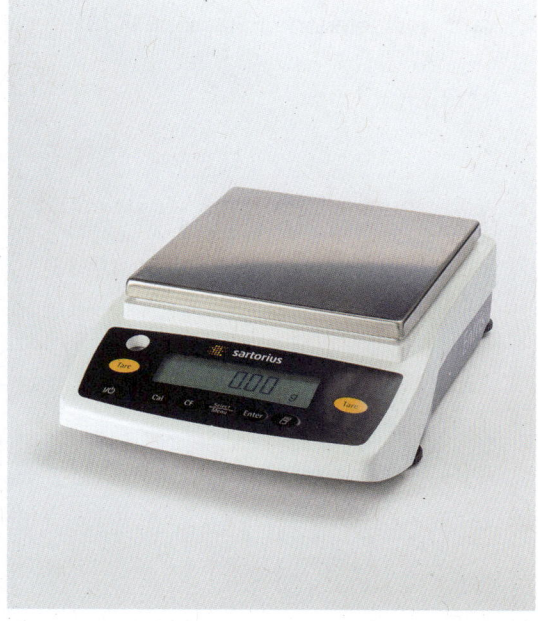

Bild 1 Küchenwaage

Bild 2 Präzisionswaage

Richtig abwägen
– Einschalten der Waage und warten, bis sich die Waage auf 0.00 g austariert hat.
– Auflegen des Papiers oder Becherglases. Erneutes Abwarten bis zur Austarierung der Waage.
– Drücken der Tara-Taste. Jetzt zeigt die Waage wieder 0.00 g an, wobei das Filterpapier oder das Becherglas nicht mehr berücksichtigt werden.
– Portionsweise Zugabe des Stoffes: bei Feststoffen mit Spatel, bei Flüssigkeiten mithilfe einer Pipette.

1 Wägt selbst
Arbeitet zu zweit.

> **Das braucht ihr**
> – 1 Präzisionswaage
> – verschiedene Stifte
> – mehrere 1-Franken-Münzen
> – 1 Haar

a Wie schwer sind die Stifte in eurem Etui?

....

....

b Wie schwer ist eine 1-Franken-Münze?

....

c Sind verschiedene 1-Franken-Münzen gleich schwer? Probiert es aus.

....

d Wie schwer ist ein einzelnes Haar?

....

Stoffeigenschaften experimentell bestimmen

Untersucht zu dritt verschiedene Stoffe und findet ihre Eigenschaften.

Das braucht ihr
- 1 Magnet
- 2 Bechergläser 100 ml
- 1 Spatel
- 1 Glasstab
- 1 Lämpchen mit Halterung
- 1 Batterie 4.5 V
- 3 Kabel
- 4 Krokodilklemmen
- 2 Drahtstücke (10 cm) oder 2 Nägel
- verschiedene Stoffe (siehe Tabelle bei Auftrag 1)

1. Überprüft, ob die in der Tabelle angegebenen Stoffe magnetisch, wasserlöslich oder elektrisch leitend sind.
Tragt eure Ergebnisse in die Tabelle ein.

Stoff	magnetisch ja	nein	wasserlöslich ja	nein	elektrisch leitend ja	nein
Eisen						
Kupfer						
Aluminium						
Nickel						
Glas						
Holz						
Graphit						
Mehl						
Zucker						
Sand						
Kochsalz						

> ⚠️ **Beachtet**
> Die Stecker der Kabel verschmutzen im Salzwasser. Verwendet bei allen Flüssigkeiten zusätzlich Krokodilklemmen und Drahtstücke oder Nägel zum Eintauchen in die Flüssigkeit.

Stoff	magnetisch		wasserlöslich		elektrisch leitend	
	ja	nein	ja	nein	ja	nein
Salzwasser						
Leitungswasser						
reines Wasser						
Ethanol						
Benzin						

2 a Wählt drei weitere Stoffe und überprüft, ob sie magnetisch, wasserlöslich oder elektrisch leitend sind.

 b Tragt eure Ergebnisse in die Tabelle ein.

Weiterdenken

3 ↗ Wasserlösliche Stoffe lösen sich nicht in beliebiger Menge. Findet heraus, wie viel Gramm Kochsalz sich in 100 ml Wasser auflösen lassen.
Plant zuerst eure Untersuchung. Erstellt dazu eine Materialliste und überlegt, wie ihr die Daten protokollieren wollt.

4 ↗ Bei der elektrischen Leitfähigkeit gibt es nicht nur ein *ja* oder *nein*, sondern auch einiges dazwischen. Mit einem elektronischen Leitfähigkeitstester oder Multimeter könnt ihr herausfinden, wie gut ein elektrisch leitender Stoff leitet und dass auch nicht leitende Stoffe ein bisschen leiten. Lasst euch von euer Lehrerin oder eurem Lehrer das Multimeter und seine Benutzung zeigen. Untersucht dann die elektrische Leitfähigkeit einiger Stoffe erneut.

AM 6.6 N12   ARBEITEN IM LABOR

Werkstatt Stoffeigenschaften

1 pH-Wert
Findet heraus, welchen pH-Wert verschiedene Flüssigkeiten haben. Arbeitet zu dritt.

Das braucht ihr
- 1 Rolle pH-Papier (siehe Bild)
- 1 Glasstab
- verschiedene Wasserproben
- verschiedene Lebensmittel
- verschiedene Reinigungsmittel
- verschiedene Körperflüssigkeiten (z. B. Tränen, Schweiss, Speichel)

a Nehmt Proben von verschiedenen Wassern, Lebensmitteln, Reinigungsmitteln und Körperflüssigkeiten.

b Reisst für jeden Test vom pH-Papier ein etwa 3 cm langes Stück ab.

c Gebt mit einem Glasstab einen Tropfen der Flüssigkeit, die ihr testen wollt, auf das abgerissene pH-Papier.

d Vergleicht die entstehende Farbe mit dem Farbmuster auf der Schachtel. Schreibt eure Ergebnisse auf:

⚠ Beachtet
Legt das benutzte pH-Papier nicht auf die Tischplatte, denn es färbt häufig stark ab.

Flüssigkeit	pH-Papier	Flüssigkeit	pH-Papier

Die pH-Werte haben diese Bedeutung:

pH < 7	pH = 7	pH > 7
sauer	neutral	basisch
Säure	reines Wasser	Lauge

⚑ Gut zu wissen
Der pH-Wert kann nur bei Flüssigkeiten gemessen werden. Die genauere Bedeutung des pH-Werts werdet ihr in NaTech 8 kennen lernen.

2 Wärmeleitung

Findet heraus, welche Stoffe Wärme gut leiten oder nicht gut leiten.

Das braucht ihr
- verschiedene Gegenstände aus Plastik, Holz und Metall
- etwas Butter
- 3 kleine Brotstücke
- 1 Porzellanschale
- heisses Wasser

a Klebt an das eine Ende der Gegenstände mit Butter ein kleines Stück Brot. Stellt alle Gegenstände in eine Schale mit heissem Wasser.

b Vermutet, was bei diesem Versuch passieren wird. Schreibt eure Vermutung auf.

....

c Beobachtet, was passiert. Schreibt eure Beobachtung auf.

....

d Fasst zusammen: Welche Stoffe leiten Wärme gut, welche nicht so gut?

....
....

3 Geruch

Findet durch Riechen heraus, was in welchem Reagenzglas ist.

Das braucht ihr
- 12 Reagenzgläser (verschieden gefüllt)

Schreibt auf, was ihr in den Reagenzgläsern vermutet.

1. ....
2. ....
3. ....
4. ....
5. ....
6. ....

7. ....
8. ....
9. ....
10. ....
11. ....
12. ....

AM 6.6 N12 ARBEITEN IM LABOR

4 Verhalten beim Erhitzen

Findet heraus, wie sich Stoffe beim Erhitzen verändern.

a Gebt jeweils die Stoffprobe in ein Reagenzglas.
  – Pulvrige Stoffe: jeweils einen Spatel voll
  – Feste Stoffe: jeweils ein Stück (2 cm × 2 cm)

b Haltet das Reagenzglas mit der Reagenzglasklammer in die Brennerflamme.

⚠ **Vorsicht**
Arbeitet auf der feuerfesten Unterlage.

Das braucht ihr
– 1 Schutzbrille pro Person
– 1 Haargummi für lange Haare
– 1 feuerfeste Unterlage
– 1 Gasbrenner
– 1 Feuerzeug oder Streichhölzer
– 1 Spatel
– 5 Reagenzgläser
– 1 Reagenzglasklammer
– 1 Reagenzglasgestell
– verschiedene pulvrige Stoffe
– verschiedene feste Stoffe

c Beobachtet, wie und wie schnell sich die Stoffprobe verändert.

d Schreibt eure Beobachtungen auf:

Stoff	Beobachtung

e Testet, ob der entstehende Rauch brennbar ist. Ergänzt eure Beobachtung in der Tabelle.

f Aus welchem Gewebe besteht die Berufskleidung, die manchmal der Hitze ausgesetzt ist (zum Beispiel Kleidung für Metallbauschlosser oder Glasbläser)?

5 Brennbarkeit

Findet heraus, welche Stoffe einfach entzündbar und gut brennbar sind.

⚠️ **Vorsicht**
Arbeitet auf der feuerfesten Unterlage.

Das braucht ihr
- 1 Schutzbrille pro Person
- 1 Haargummi für lange Haare
- 1 feuerfeste Unterlage
- 1 Gasbrenner
- 1 Schere
- 1 Tiegelzange
- 1 Feuerzeug oder Streichhölzer
- 1 Eisennagel
- Eisenwolle
- 1 Holzklotz
- 1 Zahnstocher
- Papierstreifen
- Party-Papierschlangen
- Aluminiumfolie
- Magnesiumband
- 1 kleine Porzellanschale
- Wasser
- Ethanol
- Olivenöl

a Haltet jeweils mit der Tiegelzange eine kleine Materialprobe ganz kurz in die Brennerflamme. Schreibt auf, was ihr dabei beobachtet.

1	Eisennagel	
2	Eisenwolle	
3	Holzklotz	
4	Zahnstocher	
5	Papierstreifen	
6	Party-Papierschlangen	
7	Aluminiumfolie	
8	Magnesiumband (maximal 4 cm lang)	

b Gebt etwa einen Milliliter der Flüssigkeitsprobe in eine kleine Porzellanschale und entzündet sie mit einem Streichholz. Schreibt auf, was ihr beobachtet.

1	Wasser	
2	Ethanol	
3	Olivenöl	

c Schreibt auf, wovon die Brennbarkeit abhängt.

AM 6.7 N2   ARBEITEN IM LABOR

Siedekurve und Siedepunkt von Wasser

> ⚠️ **Beachtet**
> Beachtet die Experimentierregeln im Grundlagenbuch in Unterkapitel 6.2, bevor ihr die folgenden Aufträge zum Gasbrenner ausführt.

Das braucht ihr
- 1 Schutzbrille pro Person
- 1 Haargummi für lange Haare
- 1 feuerfeste Unterlage
- 1 Gasbrenner
- 1 Feuerzeug oder Streichhölzer
- 1 Vierbein mit Glaskeramikplatte
- 1 Becherglas 100 ml
- 1 Thermometer (Messbereich: 0 °C bis 100 °C)
- 1 Stoppuhr (oder Smartphone)
- Wasser

1 Fragen
Findet heraus, wie sich die Temperatur beim Erwärmen von Wasser verändert. Arbeitet zu dritt.

2 Durchführen

a Füllt etwa 50 ml Wasser in das Becherglas.

b Erwärmt das Wasser mit dem Gasbrenner. Rührt das Wasser mit dem Thermometer sorgfältig um.

c Messt jede halbe Minute die Temperatur, ohne mit dem Thermometer Boden oder Wand des Becherglases zu berühren.

d ↗ Schreibt zu jeder Messung in einer Tabelle auf: Zeit, Temperatur und übrige Beobachtungen. Wenn ihr viermal hintereinander die gleiche Temperatur messt, könnt ihr das Experiment beenden.

e Erstellt ein Zeit-Temperatur-Diagramm.

🚩 **Gut zu wissen**
Ein Zeit-Temperatur-Diagramm von Wasser, das bis zum Siedepunkt erwärmt wurde, nennt man Siedekurve von Wasser.

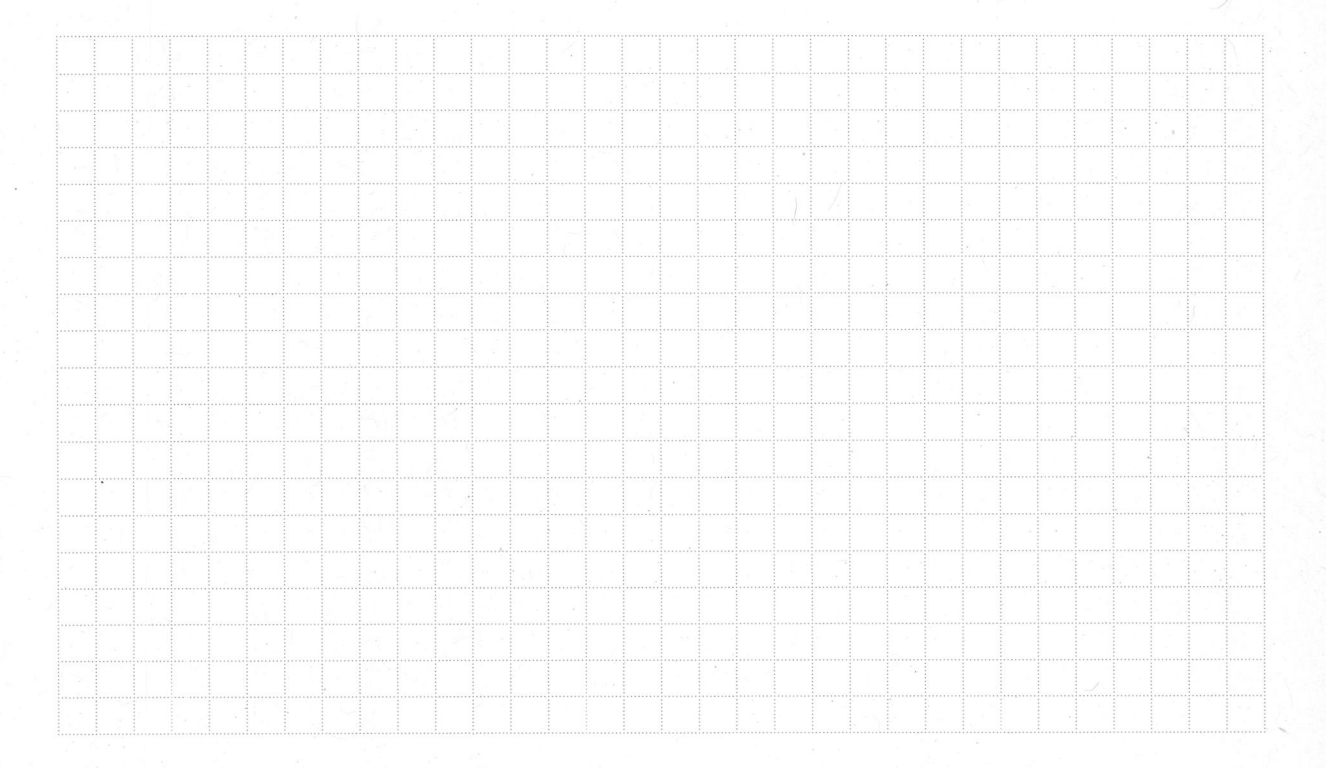

3 Auswerten

- Die ersten Gasbläschen entweichen bereits bei 60 °C bis 70 °C. Dabei handelt es sich um im Wasser gelöste Gase (zum Beispiel Sauerstoff).

- Wenn sich die Temperatur nicht mehr ...., ist der Siedepunkt erreicht.

- Bei Temperaturen unterhalb des Siedepunkts wird die mit dem Brenner zugeführte thermische Energie zum .... des Wassers genutzt. Beim Siedepunkt wird die zugeführte thermische Energie zum .... des Wassers benötigt.

- Jeder reine Stoff siedet bei einer exakt bestimmbaren Temperatur. Diese Temperatur nennt man den .... eines Stoffs.

- Der von uns gemessene Siedepunkt von Wasser beträgt .... °C.

- Der Siedepunkt ist luftdruckabhängig. Je höher du aufsteigst oder je schlechter das Wetter ist, desto tiefer ist der Siedepunkt (Bild).

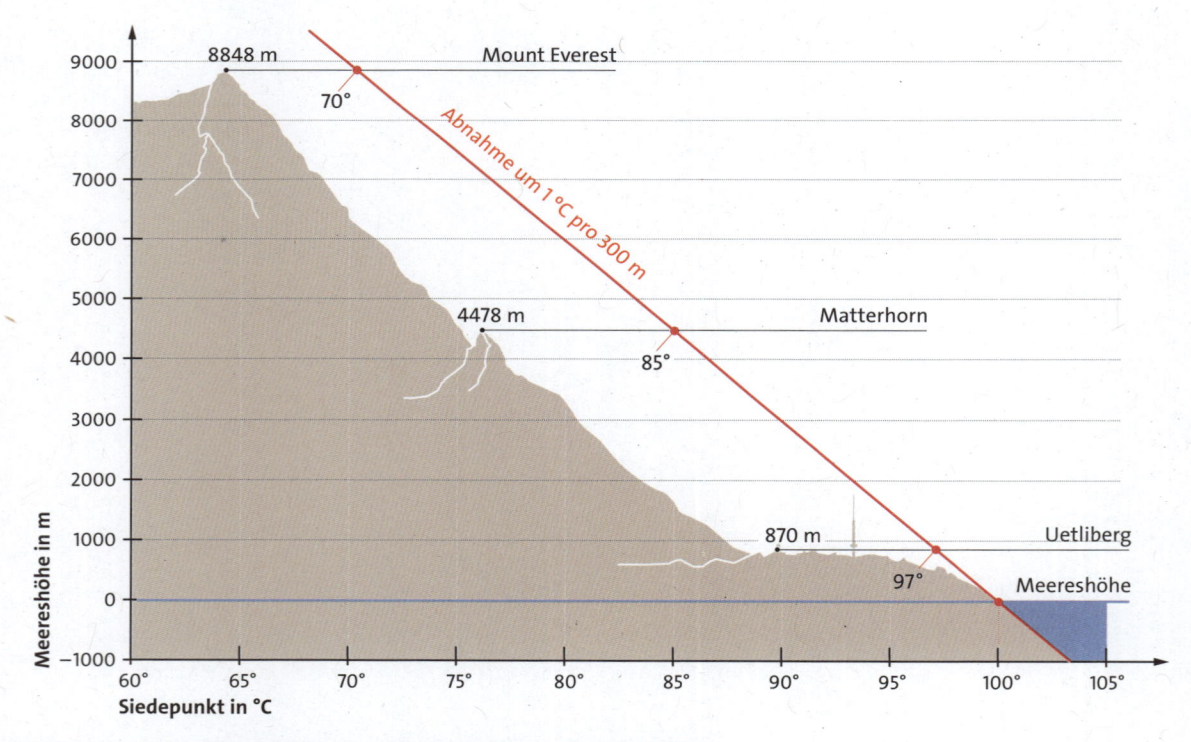

Abhängigkeit des Siedepunkts des Wassers von der Meereshöhe

Schmelzpunkt und Siedepunkt

Aggregatzustände bei Normaldruck

1 Welcher Stoff hat bei verschiedenen Temperaturen welchen Aggregatzustand? Ergänze die Spalten mit dem Aggregatzustand.

Stoff	Schmelz-punkt	Siede-punkt	Aggregatzustand			Stoffgruppe**
			im Tiefkühler bei −18 °C	bei Raum-temperatur bei 25 °C	im Backofen bei 200 °C	
Helium	−272 °C	−269 °C	**gasförmig**	**gasförmig**	**gasförmig**	
Wasserstoff	−259 °C	−252 °C				
Sauerstoff	−218 °C	−183 °C				
Propan	−188 °C	−42 °C				
Ethanol	−115 °C	78 °C				
Quecksilber	−39 °C	357 °C				Metall
Olivenöl	−7 °C *	300 °C *	**fest**	**flüssig**	**flüssig**	
Wasser	0 °C	100 °C	**fest**	**flüssig**	**gasförmig**	
Kerzenwachs	60 °C *	250 °C *	**fest**	**fest**	**flüssig**	
Blei	327 °C	1751 °C				Metall
Aluminium	660 °C	2519 °C				Metall
Kochsalz	801 °C	1461 °C				
Silber	962 °C	2210 °C				Metall
Gold	1064 °C	2836 °C				Metall
Kupfer	1084 °C	2595 °C				Metall
Eisen	1535 °C	2861 °C	**fest**	**fest**	**fest**	Metall

* Ungefährer Wert je nach Zusammensetzung
** Die Bedeutung der Stoffgruppen wirst du in späteren Kapiteln genauer kennen lernen.

2 Erstelle für Schmelzpunkte und Siedepunkte ein Säulendiagramm mit der x-Achse «Stoffe» und der y-Achse «Temperatur».

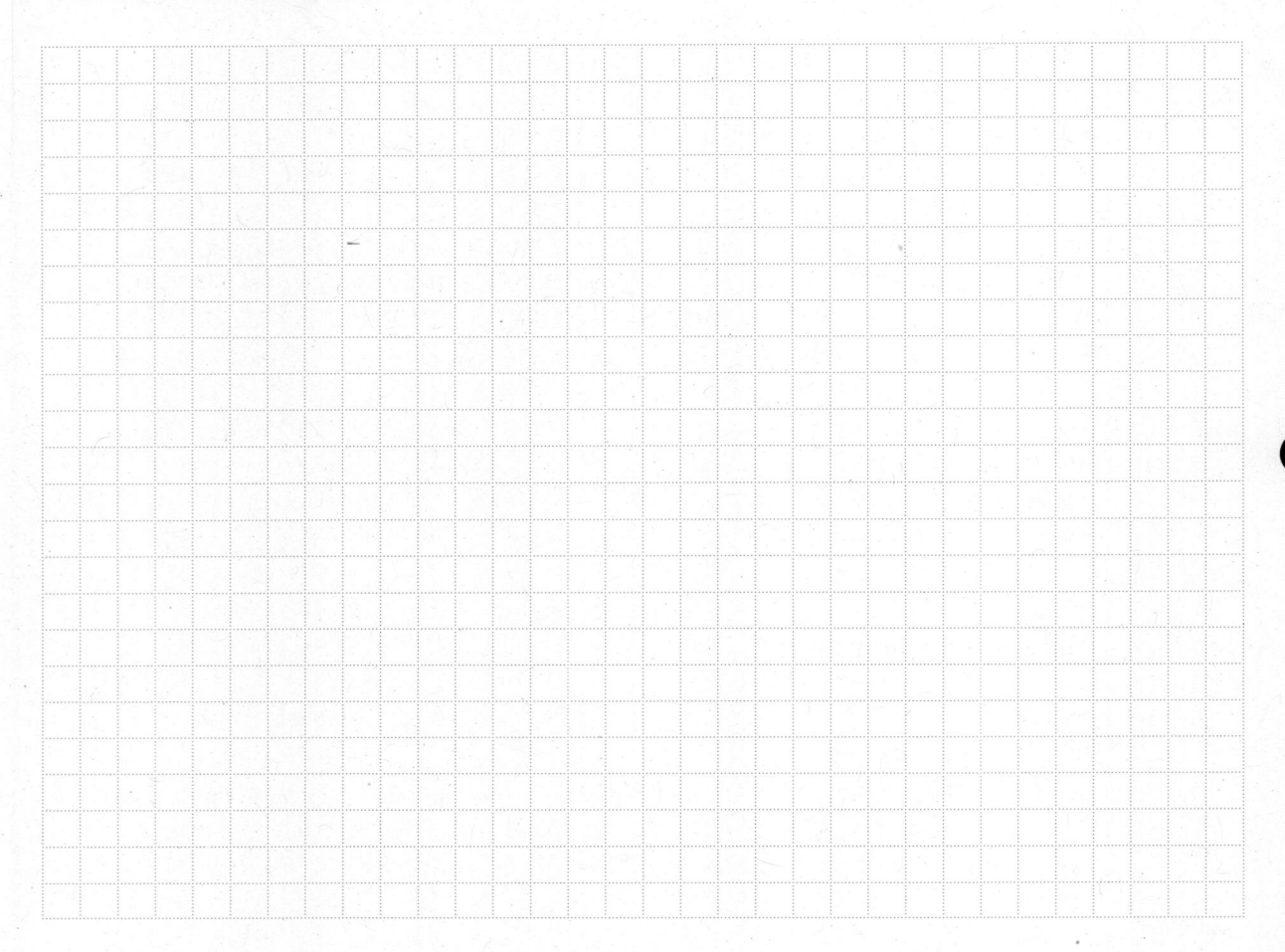

3 Markiere im Diagramm die Metalle mit einer Farbe und die anderen Stoffe mit einer anderen Farbe.

4 a Beschreibe, was die Metalle in Bezug auf den Schmelzpunkt und Siedepunkt gemeinsam haben.

b Schreibe auf, welches Metall eine Ausnahme ist.

c Schreibe den anderen Stoff auf, der auch eine Ausnahme ist.

AM 6.9 N2   ARBEITEN IM LABOR

Dichte von Festkörpern und Flüssigkeiten bestimmen

Bild 1 Granitwürfel   **Bild 2** Holzklotz   **Bild 3** Styroporklotz

Die drei Würfel (Bilder 1 bis 3) sind gleich gross, aber nicht gleich schwer. Sie haben eine unterschiedliche Dichte. Die unterschiedliche Dichte kannst du dir so vorstellen: Wenn zwei Stoffe aus den gleichen Teilchen bestehen, hat der Stoff die höhere Dichte, bei dem die Teilchen dichter zusammen sind. Je mehr gleiche Teilchen im gleichen Volumen sind, desto höher ist die Dichte eines Stoffs (Bilder 4 bis 6).

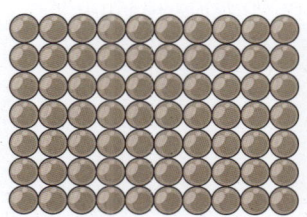

Bild 4 Hohe Dichte   **Bild 5** Mittlere Dichte   **Bild 6** Niedrige Dichte

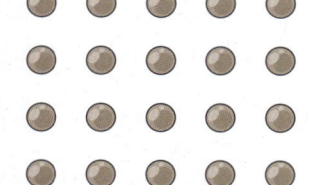

Ausserdem sind die Teilchen von verschiedenen Stoffen unterschiedlich schwer. Wenn zwei Stoffe im gleichen Volumen gleich viele Teilchen haben, hat der Stoff die höhere Dichte, dessen Teilchen schwerer sind.

1 Dichte abschätzen

Eure Lehrerin oder euer Lehrer hat verschieden grosse Quader aus unterschiedlichen Stoffen bereitgelegt: aus Holz, aus Metall, aus Kunststoff. Arbeitet zu zweit.

a Sortiert die Quader nach ihrer Dichte. Ihr dürft dazu die Quader in die Hand nehmen und das Verhältnis von Masse und Volumen mit Hand und Auge abschätzen.

b Schreibt auf, welcher Quader die höchste Dichte und welcher die niedrigste Dichte hat.

2 Dichte genau bestimmen

a Nehmt den Quader aus Aluminium, Holz, Styropor oder Eisen.

b Wägt die Masse des Quaders in g.

Das braucht ihr
– 1 Waage
– 1 Massband oder Lineal
– 1 Quader aus Aluminium, Holz, Styropor oder Eisen

c Messt die Länge, Breite und Höhe des Quaders in Zentimetern (cm).

d Berechnt das Volumen des mit der Formel Volumen = Länge · Breite · Höhe. Die Einheit des Volumens ist cm³.

e Berechnt die Dichte des Quaders mit der Formel Dichte = $\frac{\text{Masse}}{\text{Volumen}}$.

Die Dichte wird mit der Masseinheit $\frac{g}{cm^3}$ angegeben.

f Vergleicht euer Resultat mit den Resultaten eurer Mitschülerinnen und Mitschüler. Überlegt: Welche Abweichungen sind zulässig, welche deuten auf eine fehlerhafte Messung oder Berechnung hin?

3 Bestimmt die Dichte von verschiedenen Holzarten: Balsaholz, Buche, Ebenholz, Eiche, Fichte und Pappel. Ordnet diese Holzarten nach ihrer Dichte.

Das braucht ihr
- 1 Waage
- 1 Massband oder Lineal
- mehrere Quader aus verschiedenen Holzarten

4 Stellt euch vor, ihr habt einen unregelmässig geformten Körper, zum Beispiel eine Schraube aus Eisen oder einen Ring aus Gold. Von diesem Körper möchtet ihr die Dichte des Materials bestimmen. Überlegt und beschreibt, wie ihr vorgehen könntet, um das Volumen zu bestimmen.

5 Überlegt und beschreibt, wie ihr vorgehen könntet, um die Dichte einer Flüssigkeit, zum Beispiel Öl oder Wasser, zu bestimmen.

AM 6.10 N123   ARBEITEN IM LABOR

Tee und Milch

In diesem AM extrahiert ihr Farbstoffe aus Tee und Milchfett aus Milch.
Arbeitet dafür zu zweit.

⚑ Gut zu wissen
- Extrahieren: mithilfe eines Lösungsmittels einen Stoff aus einem Gemisch herauslösen.
- Die Extraktion: der Vorgang des Herauslösens
- Der Extrakt: das Herausgelöste (zum Beispiel Salz, Kaffee-Extrakt u. a.)

1 Tee
Extrahiert Farbstoffe aus Teekräutern.

Das braucht ihr
- 2 Bechergläser 200 ml hohe Form
- 2 Bleistifte
- Büroklammern
- Wasserkocher
- 2 Teebeutel (Fruchtschalentee oder Hagebuttentee)
- Wasser

Durchführen

a Füllt ein Becherglas mit kaltem und eines mit heissem Wasser.

b Befestigt mit Büroklammern jeden Teebeutel an einem Bleistift. Wenn ihr den Bleistift über das Becherglas legt, hängt der Teebeutel im Wasser.

c Beobachtet 3 min lang, ohne die Gläser oder die Teebeutel zu bewegen, was im heissen und was im kalten Wasser passiert. Schreibt eure Beobachtungen auf. Beschreibt auch die Gemeinsamkeiten und Unterschiede zwischen dem Tee im kalten und im heissen Wasser.

....

....

....

....

2 Milch
Extrahiert Milchfett aus Milch.

Das braucht ihr
- 1 Schutzbrille pro Person
- 1 Haargummi für lange Haare
- 3 Reagenzgläser
- 3 Gummistopfen
- 1 Reagenzglasgestell
- 3 Pipetten mit Pipettensauger
- 1 Messzylinder 10 ml
- 3 Glasplatten oder Objektträger
- Milch (verschiedene Sorten: Vollmilch, Milchdrink, Magermilch)
- Reinbenzin
- 1 Uhrglas

Durchführen

a Füllt 10 ml Milch in ein Reagenzglas.

b Gebt 2 ml Reinbenzin dazu.

c Verschliesst das Reagenzglas und schüttelt es kräftig.

d Stellt das Reagenzglas in das Reagenzglasgestell und lasst es 30 s stehen.

e Entnehmt mit einer Pipette einige Tropfen aus der Benzinschicht.
Gebt davon 2 Tropfen auf eine Glasplatte und lasst das Benzin verdunsten.

f Führt das Experiment mit jeder Milchsorte durch.

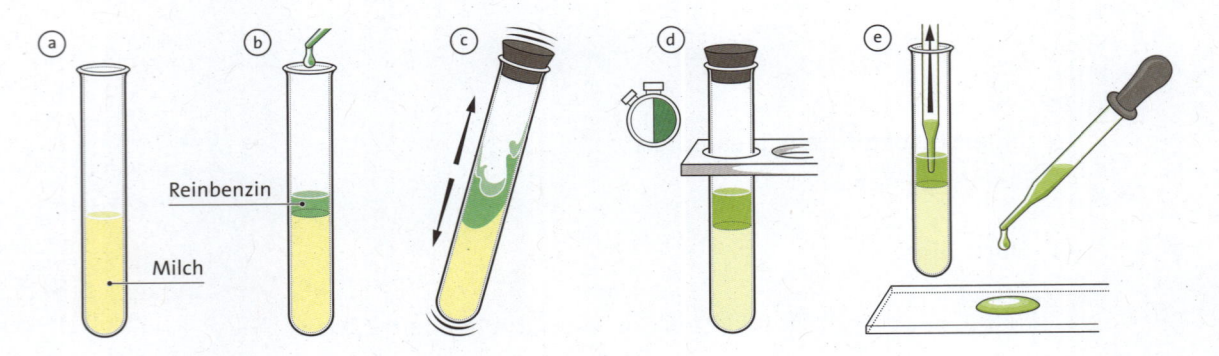

Auswerten

g Überlegt und beantwortet die folgenden Fragen:

1 Warum schwimmt das Benzin auf der Milch?

2 Warum geht das Fett in die Benzinschicht?

3 Wovon ist die Grösse des Fettflecks abhängig?

Weiterdenken

h Gebt die gesamte Benzinschicht auf ein grosses Uhrglas und lasst das Benzin verdunsten.
Das dauert ein paar Stunden.

i Wägt mit einer Präzisionswaage die Fettmenge genau ab: Das Fett wiegt .... g.

j Bestimmt den Fettgehalt der Milch: Die Milch enthält .... % Fett.

🏳 Gut zu wissen
– Fettgehalt von Vollmilch: 3.5 % bis 4.2 %
– Fettgehalt von Milchdrink: 1.6 % bis 2.7 %
– Fettgehalt von Magermilch: weniger als 0.5 %

AM 6.11 N12   ARBEITEN IM LABOR

Vom Steinsalz zum Kochsalz

Das Urmeer verdunstete vor 200 Millionen Jahren und hinterliess bis zu 100 m dicke Salzschichten. Die Salzschichten sind von jüngerem Gestein überdeckt. Dank der Überreste aus dem Urmeer ist das Salz ein Rohstoff, der noch für Jahrhunderte reicht. Um das Salz zu gewinnen, wird von der Erdoberfläche ein Loch in die Salzschichten in 140 bis 400 Metern Tiefe gebohrt. In das Loch wird Trinkwasser hinabgepumpt. Das Salz löst sich auf. Ton, feiner Sand und unlösliche Mineralien bleiben liegen. Die Salzlösung steigt über ein zweites Bohrloch an die Oberfläche. Dort wird sie in grosse Tanks gepumpt. Anschliessend wird die Salzlösung erhitzt, sodass das Wasser verdunstet und reines, feines Kochsalz auskristallisiert.

Trennt selbst einen Steinsalzbrocken in wertlosen Stein und kostbares Kochsalz. Arbeitet dafür zu dritt.

Das braucht ihr
- 1 Schutzbrille pro Person
- 1 Haargummi für lange Haare
- 1 feuerfeste Unterlage
- 1 Gasbrenner
- 1 Feuerzeug oder Streichhölzer
- 1 Vierbein mit Glaskeramikplatte
- 1 Becherglas 100 ml
- 1 Abdampfschale
- evtl. 1 Kristallisierschale
- 1 Messzylinder 100 ml
- 1 Glasstab
- 1 Tiegelzange
- 1 Präzisionswaage
- Steinsalzbrocken (oder ein Esslöffel eines Gemisches aus Kochsalz und Sand)
- Wasser

1   Durchführen

a Wägt das Steinsalz: Masse$_{Steinsalz}$ = ... g.

b Löst das Steinsalz in etwa 50 ml Wasser auf.

c Dekantiert das Salzwasser sorgfältig in die Abdampfschale. «Dekantieren» bedeutet: die Lösung möglichst ohne Sand umgiessen.

d Spült den Sand mit etwa 10 ml Wasser. Dekantiert das Spülwasser zum Salzwasser in die Abdampfschale.

e Lasst den Sand an der Luft trocknen.

Wenn er trocken ist, wägt den Sand: Masse$_{Sand}$ = ... g.

f Erhitzt das Salzwasser in der Abdampfschale über dem Brenner und lasst das Wasser verdampfen.

g Wenn alles abgekühlt ist, wägt das Kochsalz: Masse$_{Kochsalz}$ = ... g.

2 Auswerten

a Berechnet den Verlust in Gramm und die Ausbeute in Prozent.

— Verlust = Masse$_{Steinsalz}$ − Masse$_{Sand}$ − Masse$_{Kochsalz}$ = ... g

— Ausbeute = $\dfrac{\text{Masse}_{Kochsalz}}{\text{Masse}_{Steinsalz}} \cdot 100$ = ... %

b Überlegt Gründe für den Verlust. Schreibt die Gründe auf.

....

....

....

c Schreibt diejenigen Eigenschaften von Salz und von Sand auf, die ihr zur Trennung des Gemischs ausgenutzt habt.

....

....

....

3 Weiterdenken

Anstatt das Salzwasser in einer Abdampfschale mit dem Brenner zu erhitzen, könnt ihr es in einer Kristallisierschale stehen lassen. Das Wasser wird innerhalb von 1 bis 2 Wochen verdunsten. Betrachtet anschliessend die Salzkristalle mit einer Lupe und beschreibt ihre Form.

....

....

AM 6.12 N123

ARBEITEN IM LABOR

Chromatografie mit Filzstiftfarben

Finde heraus, woraus Filzstiftfarben bestehen.

Das brauchst du
- 1 Becherglas 100 ml
- Filterpapier (Durchmesser 10–15 cm)
- 1 Bleistift
- 4 verschiedene, dunkle Filzstifte
- Wasser

1 Durchführen

a Markiere mit Bleistift die Mitte des Filterpapiers. Zeichne mit Bleistift einen kleinen und einen grossen Kreis. Unterteile das Filterpapier in vier Abschnitte. Schreibe bei jedem Viertel mit Bleistift eine Farbbezeichnung hin.

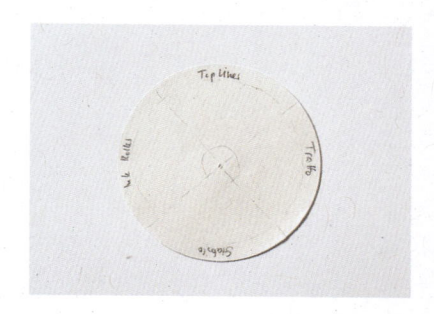

b Trage mit den entsprechenden Filzstiften eine Linie auf dem kleinen Kreis auf.

c Nimm ein Viertel eines weiteren Filterpapiers. Rolle ihn zu einem Docht. Stecke den Docht durch ein Loch in der Mitte deines Filterpapiers.

d Lege dein Filterpapier mit Docht auf ein Glas mit Wasser.

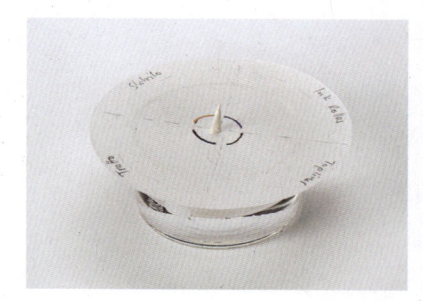

e Wenn das Wasser beim äusseren Bleistiftkreis angekommen ist, entferne das Filterpapier vom Glas und entferne den Docht.

f Lass das Filterpapier trocknen und klebe es hier ein.

2 Auswerten
Beantworte die folgenden Fragen:

a Welche deiner Stifte bestehen aus reinen Farbstoffen?

b Welche deiner Stifte sind Farbstoffgemische?

c Was denkst du: Sind wasserfeste Stifte 100 % wasserfest? Begründe deine Antwort.

3 Weiterdenken
Experimentiere nur mit schwarzen Stiften verschiedener Hersteller. Finde heraus, welche Einzelfarben die verschiedenen schwarzen Stifte haben.

Sauberes Wasser

1 Wasserreinigung

Recherchiere und streiche die Aussagen durch, die falsch sind.
Beispiel: Ich esse gerne Spaghetti / ~~Gemüse~~.

a Bis etwa 1975 wurde bei uns dreckiges Wasser
im eigenen Haushalt selbst gereinigt / in die Flüsse geleitet.

b Jeder Mensch in der Schweiz braucht durchschnittlich etwa 300 l Wasser
im Jahr / am Tag.

c Heute gibt es ein / kein Gesetz, das besagt, dass schmutziges Wasser gereinigt
werden muss, ehe es in die Flüsse zurückkommt.

2 Abwasserreinigungsanlage (ARA)

a Suche im Internet Informationen über die ARA deines Wohnorts.

b Ergänze den folgenden Text:

1 Das gesamte Abwasser einer Region fliesst über das _____

 zum Einlauf der _____ (ARA).

2 Über das _____ gelangt das Abwasser in die ARA. Bei starken

 Niederschlägen wird verdünntes Abwasser zwischengespeichert.

3 Die _____ mit einem Grob- und einem Feinrechen hält

 die gröberen, festen Abfälle wie WC-Papier, Essensreste usw. zurück.

4 Im _____ bleiben Sand und andere kleine Feststoffe hängen.

5 Im _____ setzen sich Schwebeteilchen als Schlamm ab.

6 Das _____ leitet das Wasser zur biologischen Reinigung.

7 In der _____ fressen Bakterien und andere Kleinstlebewesen

 organische Inhaltsstoffe. Mithilfe von Sauerstoff wandeln sie diese um in Kohlenstoffdioxid

 und Wasser und bilden den Belebtschlamm.

8 Im _____ wird das Wasser vom Belebtschlamm getrennt.

9 Abluft aus den verschiedenen Becken wird in Waschtürmen der

 _____ gereinigt.

10 Das nun _____ wird in einen Fluss entlassen.

AM 6.14 N123 ARBEITEN IM LABOR

Abfalltrennung in deinem Haushalt

Das Amt für Abfall, Wasser, Energie und Luft (AWEL) hat die folgenden Abfall-Piktogramme zusammengestellt:

Zurück zur Gemeinde: Kehricht, Papier, Karton, Gemischtkunststoff, Aluminium, Stahlblech, Altmetall, Motorenöl, Speiseöl, Glas, Korken, Holz, Sperrgut, Bauschutt, Textilien und Schuhe, Bücher, Grüngut, Häckseln, Rüst- und Speisereste, Tierkadaver, Fundgrube, Styropor, Sonderabfall

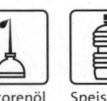

Zurück zum Handel: Zurück zum Handel, Batterien, Autobatterien, Kapseln aus Aluminium, Leuchtmittel, Filterkatuschen, Rahmbläserpatronen, CDs und DVDs, PE-Kunststoffflaschen, PET-Getränkeflaschen, Getränkekarton, Elektroschrott, Haushaltsgrossgeräte, Gefrier- und Klimageräte, Toner, Pneu, Fahrzeuge

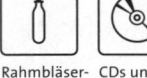

Diverse: Recycling, Bitte korrekt entsorgen, Nicht in die Kanalisation

1 Färbe die Piktogramme

   a grün, wenn du bei dir zu Hause die Stoffe getrennt sammelst.

   b rot, wenn du bei dir zu Hause die Stoffe nicht getrennt sammelst.

   c gar nicht, wenn du den Inhalt des Piktogramms nicht verstehst.

2 Lass dir die Piktogramme erklären, die du nicht verstehst. Färbe diese Piktogramme dann auch grün oder rot.

3 Vergleiche deine Farben mit deinem Nachbarn/deiner Nachbarin. Markiere Übereinstimmungen mit einem «+».

4 Wähle ein Piktogramm, bei dem du mit deiner Nachbarin oder deinem Nachbarn nicht übereinstimmst, und überzeuge sie oder ihn durch Argumente von deiner Meinung.

5 Wählt als Klasse ein Piktogramm, dessen Stoff ihr zukünftig im Schulhaus separat sammeln wollt, und bittet eure Lehrerin oder euren Lehrer um eine entsprechende Sammelmöglichkeit.

Wortsuchrätsel: Gemische benennen

1 Finde möglichst viele der 14 Begriffe aus der Welt der Gemische (von links nach rechts und von oben nach unten).

M	H	E	T	E	R	O	G	E	N	V	Y	S	B	Y
M	R	K	V	S	U	S	P	E	N	S	I	O	N	K
D	N	F	I	V	N	F	B	Z	D	H	G	N	J	C
G	E	M	I	S	C	H	E	Z	T	I	N	H	K	L
Q	B	Z	D	Q	I	T	I	H	Y	A	T	R	B	Ö
V	E	A	S	J	Y	W	D	A	E	Q	P	E	N	S
N	L	E	C	R	B	R	P	R	M	I	N	I	L	U
I	U	R	R	Y	T	G	T	T	U	Y	I	N	Z	N
D	H	O	M	O	G	E	N	S	L	M	A	S	M	G
L	D	S	I	V	B	L	U	C	S	F	N	T	R	E
S	K	O	S	R	A	U	C	H	I	J	B	O	V	M
X	T	L	L	K	P	N	W	A	O	H	N	F	M	E
N	S	L	E	G	I	E	R	U	N	G	C	F	G	N
I	Q	K	G	A	S	G	E	M	I	S	C	H	H	G
K	Q	G	W	B	Y	B	M	E	K	W	O	G	O	E

2 Schreibe zu jedem Begriff, den du gefunden hast, ein Beispiel und eine Definition auf.

AM 6.16 N2

ARBEITEN IM LABOR

Phänomene werden erklärbar

Beobachtet die Phänomene und erklärt sie mithilfe des Teilchenmodells. Arbeitet dafür zu zweit.

Das braucht ihr
- 2 Messzylinder 100 ml
- Ethanol
- Wasser

1 Flüssigkeiten, Reis und Erbsen mischen

a Mischt 50 ml Wasser und 50 ml Ethanol (Bild 1).

Ihr erhaltet .... ml Gemisch.

b In einem Modellexperiment mischt eure Lehrperson 50 ml Senfkörner und 50 ml Erbsen (Bild 2).

Ihr erhaltet .... ml Gemisch.

Bild 1 Wasser und Ethanol

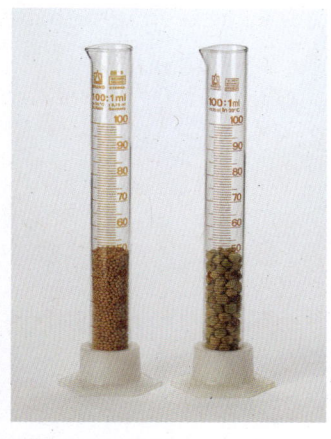

Bild 2 Senfkörner und Erbsen

Bild 3 Modelle von Wasserteilchen (links) und Ethanolteilchen (rechts).

c Die Teilchen von verschiedenen Stoffen sind verschieden gross (Bild 3).
Erklärt mit diesem Wissen das Phänomen aus Auftrag 1a mithilfe des Teilchenmodells.
Erstellt dazu eine Zeichnung.

2 Was braucht mehr Platz: Eis oder Wasser?

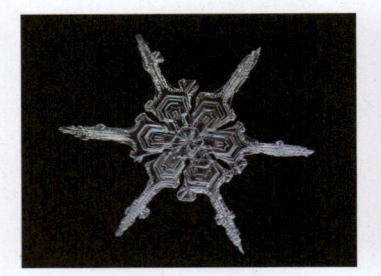

Bild 4 Eiskristalle

Eiskristalle bilden oft wunderschöne sechseckige Formen (Bild 2). Die Wasserteilchen kristallisieren in einer sehr regelmässigen Anordnung mit vielen Leerräumen dazwischen (Bild 3). Dieses Verhalten des Wassers nennt man «Anomalie des Wassers», weil andere Flüssigkeiten beim Gefrieren meistens keine Leerräume bilden.

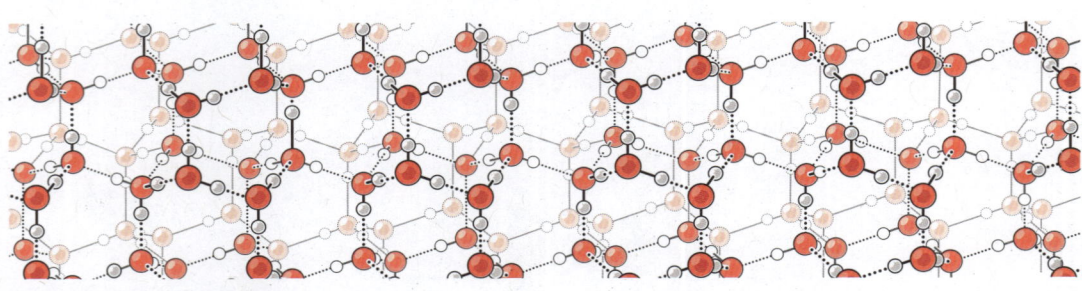

Bild 5 Modell Eiskristall

a Vermutet, was mit dem Volumen von Eis passiert, wenn es schmilzt:

Das Volumen von Eis nimmt beim Schmelzen ....

Umgekehrt gilt: Das Volumen von Wasser nimmt beim Gefrieren ....

b Überprüft eure Vermutung mit einem Experiment. Beschreibt das Experiment.

....
....
....
....
....
....
....
....

Chemische Reaktionen

1 Kalk

Unser Trinkwasser besteht hauptsächlich aus dem Stoff Wasser. Im Trinkwasser sind viele andere Stoffe gelöst, zum Beispiel Kalk. Wenn Wasser an Oberflächen verdunstet, bleibt Kalk zurück und lagert sich ab. Der Kalk wird als weisslicher Belag sichtbar (Bild 1). Mit einem säurehaltigen Reinigungsmittel wie zum Beispiel Essigreiniger kann man den Kalk entfernen.

Bild 1 Wasserhahn mit Kalkablagerung

a Zeichne in die zwei leeren Kästen die Wasserteilchen und die Kalkteilchen beim Vorgang der Kalkablagerung:

Teilchen-zeichnung			
Beobachtung und Beschreibung	Im Trinkwasser ist Kalk gelöst.	Etwas Wasser verdunstet und erster Kalk lagert sich ab.	Das Wasser ist komplett verdunstet und der Kalk ist abgelagert.

b Ergänze das Reaktionsschema für die Reaktion «Kalk reagiert mit Essig».

Ausgangsstoffe	Beschreibung der Reaktion	Produkte
		Kohlenstoffdioxid und Calciumacetat

2 Ein Gedankenexperiment

a Stell dir vor:
Auf einer Waage steht links eine Schale mit Alkohol, rechts wurde die Waage mit einem Massestück ins Gleichgewicht gebracht (Bild 2).

Wie ändert sich die Waage, wenn du den Alkohol entzündest? Schreibe deine Vermutung auf.

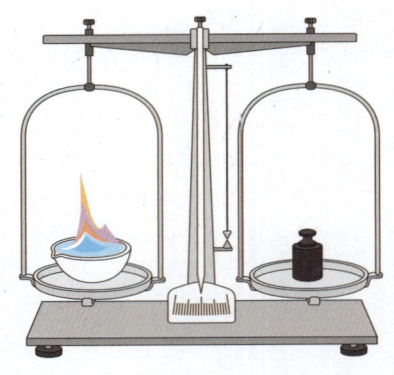

....

....

....

Bild 2 Balkenwaage mit Alkohol in einer Schale

b Stell dir vor:
Nun wiederholst du das Experiment. Nach dem Anzünden stülpst du ein Becherglas über die Schale mit dem Alkohol. Damit die Waage im Gleichgewicht ist, muss rechts ein zusätzliches Massestück hinzugefügt werden (Bild 3).

Wie ändert sich jetzt die Waage, wenn du den Alkohol entzündest? Schreibe deine Vermutung auf.

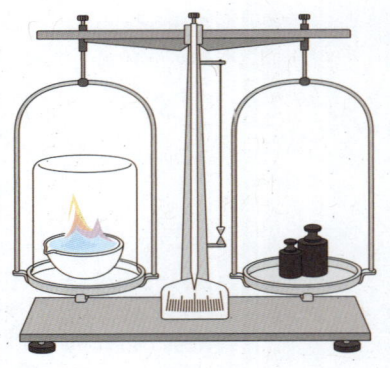

....

....

....

Bild 3 Balkenwaage mit Alkohol in einer Schale unter einem Becherglas

AM 7.2 N2   CHEMISCHE REAKTIONEN UNTERSUCHEN

Eisenwolle verändert sich

Findet heraus, wie sich Eisenwolle unter verschiedenen Bedingungen verändert. Arbeitet zu dritt.

Das braucht ihr
- ca. 5 g Eisenwolle
- 3 Reagenzgläser
- 1 Becherglas ca. 250 ml
- 3 Stativklemmen
- 1 Stativ
- 1 wasserfester Filzstift
- Wasser
- bei der Lehrperson: Waage, verschiedene Flüssigkeiten, verschiedene Gase

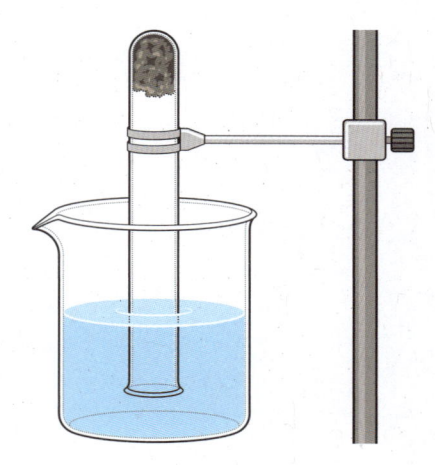

1 Untersucht, wie sich Eisenwolle mit Wasser und Luft in zwei Wochen verändert.

⊲ Durchführen
a Wägt eure Eisenwolle.
   ↗ Schreibt die Masse auf.

b Benetzt die Eisenwolle. Taucht die Eisenwolle dafür in Wasser, nehmt sie heraus und lasst sie abtropfen.

c Gebt die benetzte Eisenwolle in das Reagenzglas und drückt sie mit einem Bleistift nach unten. Es müssen mindestens 10 cm vom Rand des Reagenzglases bis zur Eisenwolle frei sein.

d Füllt das Becherglas 5 cm hoch mit Wasser.

e Stellt das Reagenzglas kopfüber in das Becherglas und fixiert es mit der Stativklemme (Bild).

f Markiert auf dem Reagenzglas den Wasserstand.

g Stellt euer Becherglas an einen schattigen Ort.

h Beobachtet den Verlauf des Experiments in den nächsten zwei Wochen.
   ↗ Schreibt eure Beobachtungen in einem Beobachtungsprotokoll auf.
   Tipp Aus Kapitel 1 kennt ihr bereits ein Beobachtungsprotokoll (▶OM 1.7).

⚠ Beachtet
Kontrolliert jeden Tag, ob das Reagenzglas im Wasser steht. Ist der Wasserstand im Becherglas zu stark gesunken, füllt ihn wieder auf 5 cm auf.

2 Findet heraus, wie sich Eisenwolle unter anderen Bedingungen innerhalb von etwa zwei Wochen verändert.
- Statt Wasser zum Benetzen könnt ihr Salzwasser, Speiseöl oder Essig benutzen.
- Statt Luft könnt ihr Kohlenstoffdioxid, Sauerstoff oder andere Gase benutzen.

⊲ Fragen
a Überlegt, mit welcher Flüssigkeit ihr die Eisenwolle benetzten möchtet (Luft bleibt gleich). Schreibt die passende Forschungsfrage auf.

....

....

b Überlegt, welches Gas ihr in das Reagenzglas füllen möchtet (benetzen mit Wasser bleibt gleich).
Schreibt die passende Forschungsfrage auf.

....

....

⊸ Durchführen

c Führt euer Experiment durch.
Tipp Ihr könnt wie bei Auftrag 1 beschrieben vorgehen.
Nehmt für jede Veränderung ein neues Reagenzglas: ein Reagenzglas für Forschungsfrage a und ein Reagenzglas für Forschungsfrage b.
Schreibt die Reagenzgläser unten mit dem wasserfesten Filzschreiber an.

↗ Schreibt eure Beobachtungen zwei Wochen lang in einem Beobachtungsprotokoll auf. Am besten benutzt ihr ein Beobachtungsprotokoll, das gleich aussieht wie das von Auftrag 1.
Tipp Denkt daran, dass ihr zu jedem Reagenzglas immer alle nötigen Angaben aufschreibt (z.B. welche Masse hat die Eisenwolle am Anfang, mit welcher Flüssigkeit ist die Eisenwolle benetzt, welches Gas ist im Reagenzglas, Anstieg des Wasserstandes im Reagenzglas, Veränderung der Eisenwolle, wann musste Wasser nachgefüllt werden, besondere Beobachtungen).

↗ Nach zwei Wochen:
– Nehmt die Eisenwolle aus den drei Reagenzgläsern und wägt die Eisenwolle. Schreibt die Massen auf.
– Beschreibt, wie die Eisenwolle aussieht.
Tipp Achtet darauf, dass ihr die Eisenwolle immer trocken wägt.

3 ⊸ Auswerten und weiterdenken

a Beim Experiment wird die Eisenwolle umgewandelt. Es entstehen Eisenoxide. Diese können schwarz, dunkelrot, gelb oder rotbraun (Rost) sein.
↗ Schreibt auf, welche Eisenoxide ihr in eurem Experiment sehen konntet.

b ↗ Schreibt auf, wie sich die Masse der Eisenwolle verändert hat.

c ↗ Schreibt auf, bei welchen Bedingungen sich die Eisenwolle
– am stärksten verändert hat,
– gar nicht oder sehr wenig verändert hat.

d Wie kann man Eisen am besten vor dem Rosten schützen?
↗ Schreibt auf, was ihr mit eurem Experiment herausgefunden habt.
Tipp Falls euer Experiment keine Antwort liefert, vergleicht eure Ergebnisse mit anderen Ergebnissen aus der Klasse.

AM 7.3 N2 CHEMISCHE REAKTIONEN UNTERSUCHEN

Energie bei chemischen Reaktionen

1 Stelle die folgenden drei chemischen Reaktionen mit den Energiewürfeln dar.
Zeichne jeweils die Situation vorher und nachher.
Schreibe jeweils auch die Ausgangsstoffe und die Produkte auf.

🚩 **Gut zu wissen**
Das Energiewürfelszenario wird im Grundlagenbuch in Unterkapitel 5.6 erklärt.

a Ein Spiegelei in der Bratpfanne braten.

Vorher:

Umgebung (Bratpfanne, Kochplatte)

[Ei]

Nachher:

Umgebung (Bratpfanne, Kochplatte)

[Ei]

Ausgangsstoff: ....

Produkt: ....

b Ein Stück Holz verbrennt.

Vorher:

Umgebung

[Holz]

Nachher:

Umgebung

[Holz/Asche]

Ausgangsstoffe: ....

Produkte: ....

c Ein Rennauto mit Verbrennungsmotor beschleunigt von 0 $\frac{km}{h}$ auf 50 $\frac{km}{h}$.

Vorher:

Nachher:

Rennauto
Benzin

Rennauto
Benzin

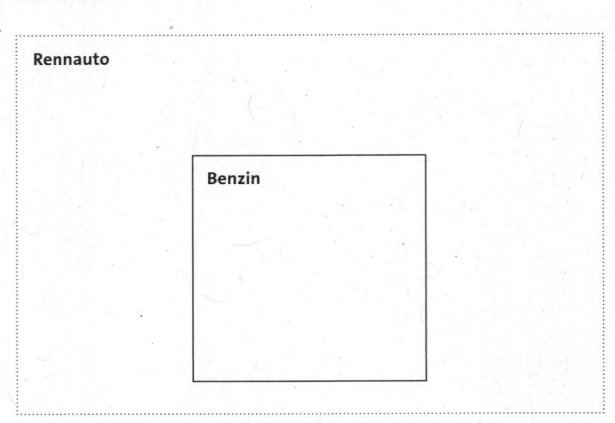

Ausgangsstoffe: ....

Produkte: ....

2 Alle Stoffe enthalten chemische Energie. Manche Stoffe enthalten viel chemische Energie, manche wenig. Ordne die folgenden Stoffe danach, ob jeweils 1 kg des Stoffes wenig, mittel oder viel chemische Energie enthält.

Wasser, Benzin, Holz, Zucker, Kohlenstoffdioxid, Schwarzpulver, Gurke, Banane

Menge an chemischer Energie		
wenig	**mittel**	**viel**

AM 7.4 N12 CHEMISCHE REAKTIONEN UNTERSUCHEN

Chemie der Kerzenflamme

◁ **Fragen**
Was brennt bei einer Kerze: das Wachs, der Docht, die Luft oder etwas anderes?

Das brauchst du
– 1 feuerfeste Unterlage
– 1 Kerze
– 1 Streichholz
– 1 Kupferdraht
– 1 Bleistift

1 ◁ **Vermuten**
Schreibe deine Vermutung auf.

2 ◁ **Durchführen**
a Arbeite auf einer feuerfesten Unterlage.

b Wickle den Kupferdraht nicht zu eng um einen Bleistift. Wickle etwa 20 Windungen, danach lässt du 9 cm Draht als Griff abstehen (Bild).

c Streife den Draht vom Bleistift ab.

d Entzünde eine Kerze.

e Beobachte die brennende Kerze.
Tipp Wo ist die Flamme? Brennt der Docht? Ist das Wachs der Kerze fest, flüssig oder gasförmig? Steigt dunkler Rauch auf?

f Schreibe deine Beobachtungen auf.

....
....
....

g Senke den Draht von oben über die Kerzenflamme, sodass diese innerhalb der Drahtwicklung ist.

h Beobachte, was passiert.
Tipp Beobachte auch weiter, falls die Flamme erlischt.

i Schreibe deine Beobachtungen auf.

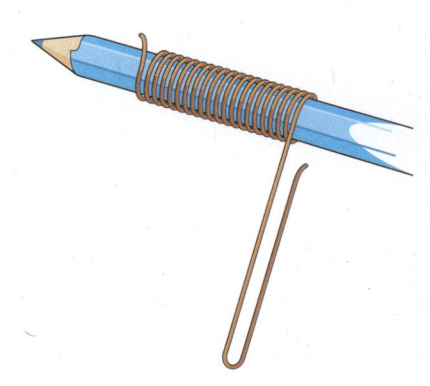

⚠ **Vorsicht**
Der Draht wird heiss.

....
....

3 Auswerten

⚑ Gut zu wissen

Durch die Flamme am Docht wird das Kerzenwachs heiss. Das Wachs wird erst flüssig und dann gasförmig. Das Wachs ist aus Kohlenstoff und Wasserstoff zusammengesetzt. Kohlenstoff, Wasserstoff und die Kohlenstoff-Wasserstoff-Verbindungen brennen bei ausreichend hoher Temperatur. Wasserstoff verbindet sich mit Sauerstoff zu Wasserdampf. Kohlenstoff verbindet sich mit Sauerstoff zu Kohlenstoffdioxid.

a Beschreibe die chemische Reaktion für Wasserstoff und Kohlenstoff mit dem Schema.

Ausgangsstoffe	Chemische Reaktion			Produkte
Wasserstoff brennt				
☐ fest	☐ spontan	oder	☐ initiiert	☐ fest
☐ flüssig	☐ schnell	oder	☐ langsam	☐ flüssig
☐ gasförmig	☐ Energie abgeben	oder	☐ Energie benötigen	☐ gasförmig
	☐ einfach	oder	☐ retour	
Kohlenstoff brennt				
☐ fest	☐ spontan	oder	☐ initiiert	☐ fest
☐ flüssig	☐ schnell	oder	☐ langsam	☐ flüssig
☐ gasförmig	☐ Energie abgeben	oder	☐ Energie benötigen	☐ gasförmig
	☐ einfach	oder	☐ retour	

b Beantworte die Frage: Was brennt bei einer Kerze?

c Schreibe in deinen Worten auf, weshalb die Kerzenflamme in der Kupferspirale verschwindet.

⚑ Gut zu wissen

Ein Kupferdraht führt thermische Energie aus einer Kerzenflamme ab. Ist zu wenig thermische Energie in der Flamme vorhanden, so erlischt sie. Die Menge an thermischer Energie, die vorhanden sein muss, damit ein Stoff brennt, heisst Zündtemperatur.

AM 7.5 N12 CHEMISCHE REAKTIONEN UNTERSUCHEN

Fotosynthese untersuchen

Findet heraus, welche Faktoren die Fotosynthese beeinflussen. Arbeitet zu dritt.

Das braucht ihr
– Zweige der Wasserpest
– 1 grosses Reagenzglas
– 1 Glaswanne mit Wasser
– 1 Stativ
– Wasser

optional (später):
– Mineralwasser mit Kohlensäure
– abgekochtes Wasser (wieder abgekühlt)
– 1 Wasserkocher
– 1 Thermometer
– rote, blaue und grüne Folie

1 Durchführen

Führt das Experiment zur Fotosynthese durch:
a Nehmt einen Zweig der Wasserpest und gebt ihn in das Reagenzglas. Der Zweig sollte in der unteren Hälfte positioniert sein.

b Füllt das Reagenzglas mit Wasser. Das Reagenzglas darf keine Luftblasen enthalten.

c Taucht das volle Reagenzglas mit der Öffnung nach unten in die Wanne. Fixiert das Reagenzglas mit dem Stativ, ohne dass die Öffnung aus der Wanne auftaucht (Bild).

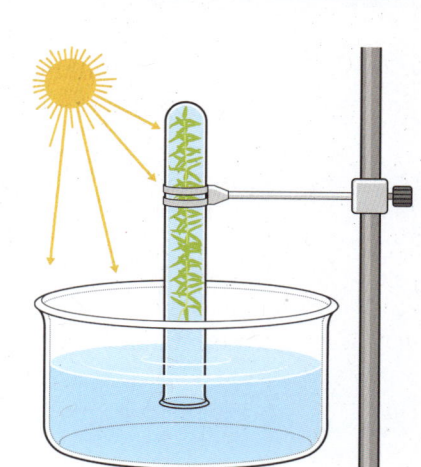

d Beobachtet 10 Minuten lang, was an der Wasserpest passiert.
Tipp Könnt ihr etwas zählen oder messen?

e Schreibt auf, was ihr beobachtet.

....

....

....

....

2 Führt das gleiche Experiment mit anderen Bedingungen durch, um herauszufinden, was die Fotosynthese beeinflusst. Die Tabelle zeigt, welche Faktoren ihr am Experiment verändern könnt.

Faktoren	Standard (Auftrag 1)	Varianten
Wasserqualität	Leitungswasser	– Mineralwasser mit Kohlensäure – abgekochtes Wasser (wieder abgekühlt)
Temperatur ungefähr	20 °C	– 35 °C – 10 °C
Licht/Schatten	Sonnenlicht	– Schatten – künstliches Licht
Farbe des Lichts	Weiss	– rote Folie um das Reagenzglas gewickelt – blaue Folie um das Reagenzglas gewickelt – grüne Folie um das Reagenzglas gewickelt

Durchführen

a Ändert einzelne Faktoren und geht wie in Auftrag 1 beschrieben vor.
Tipp Ihr könnt auch mehrere Reagenzgläser in die Wanne stellen und so parallel Experimente durchführen.

b ↗ Schreibt eure Beobachtungen auf.

3 Darstellen

↗ Erstellt ein Protokoll zu euren Experimenten. Das Protokoll soll die Forschungsfrage beantworten: Welche Faktoren beeinflussen die Fotosynthese?
Gebt bei den Ergebnissen die Faktoren an, welche die Fotosynthese begünstigen.
Gebt auch die Faktoren an, welche die Fotosynthese hemmen.

4 Auswerten

Mit der Fotosynthese stellen Pflanzen aus Wasser und Kohlenstoffdioxid Traubenzucker her.
Schreibt auf, mit welchem Faktor ihr das Kohlenstoffdioxid verändert habt.

5 Weiterdenken

Stellt die Fotosynthese mit den Energiewürfeln dar.
Zeichnet die Situation vorher und nachher. Schreibt die Ausgangsstoffe und die Produkte auf.
Tipp Die Pflanze benötigt für die Fotosynthese Energie. Diese Energie wird in chemische Energie umgewandelt und in Form von Traubenzucker gespeichert.

Vorher:

Nachher:

Ausgangsstoffe:

Produkte:

Elemente anordnen

Unten sind die 58 Elemente abgebildet, die Lothar Meyer und Dmitri Mendelejew bekannt waren. Angegeben ist jeweils ihre Atommasse. Stoffe mit ähnlichen Eigenschaften sind gleich gefärbt. Johann Wolfgang Döbereiners Triaden sind schwarz umrandet.

1 **a** Schneide die Elementkärtchen aus.

b Erstelle eine Ordnung nach der Atommasse, bei der Stoffe mit ähnlichen Eigenschaften untereinander angeordnet sind.

Perioden-System der Elemente

H 1				
Zr 91	Nb 93	Mo 96	Rh 103	Ru 101
F 19	Cl 36	Br 80	I 127	
B 11	Al 27	Ga 70	In 115	Tl 204
Li 7	Na 23	K 39	Rb 86	Cs 133
N 14	P 31	As 75	Sb 122	Bi 209
Pd 106	Ag 108	Cd 112	Ta 181	W 184
C 12	Si 28	Ge 73	Sn 119	Pb 207
Ti 48	V 51	Cr 52		Fe 56
Ni 59	Co 59	Hf 178	Cu 63	Zn 65
Be 9	Mg 24	Ca 40	Sr 88	Ba 137
Pt 195	Ir 192	Os 190	Hg 200	Au 197
O 16	S 32	Se 79	Te 128	

Eigenschaften von Stoffen

In dieser Tabelle findest du einige Schmelzpunkte von Stoffen. Du bist einer ähnlichen Tabelle bereits in Kapitel 6 in AM 6.8 begegnet.

Stoff	Schmelz-punkt	Siede-punkt	Elemente, die in diesen Stoffen enthalten sind			Stoffgruppe
Helium	−272 °C	−269 °C	He			Edelgas
Neon	−249 °C	−246 °C	Ne			Edelgas
Argon	−189 °C	−186 °C	Ar			Edelgas
Wasserstoff	−259 °C	−252 °C	H			molekularer Stoff
Kupfer	1084 °C	2595 °C	Cu			Metall
Eisen	1535 °C	2861 °C	Fe			Metall
Wolfram	3410 °C	5700 °C	W			Metall
Propan	−188 °C	−42 °C	C	H		molekularer Stoff
Natriumbromid	755 °C	1393 °C	Na	Br		Salz
Natriumchlorid (Kochsalz)	801 °C	1461 °C	Na	Cl		Salz
Kaliumchlorid	773 °C	1413 °C	K	Cl		Salz
Aluminium	660 °C	2519 °C	Al			Metall
Calciumchlorid	772 °C	1600 °C	Ca	Cl		Salz
Ethanol	−115 °C	78 °C	C	H	O	molekularer Stoff
Gold	1064 °C	2836 °C	Au			Metall
Kaliumfluorid	852 °C	1502 °C	K	F		Salz
Kerzenwachs	60 °C	250 °C	C	H		molekularer Stoff
Natriumfluorid	993 °C	1704 °C	Na	F		Salz
Olivenöl	−7 °C	300 °C	C	H		molekularer Stoff
Silber	962 °C	2210 °C	Ag			Metall
Natriumiodid	662 °C	1304 °C	Na	I		Salz
Wasser	0 °C	100 °C				
Magnesiumoxid	2852 °C	3600 °C				
Berylliumoxid	3900 °C	4120 °C				
Sauerstoff	−218 °C	−183 °C				

Mit dem Periodensystem arbeiten

Nutze das Periodensystem (▶TB 30 PSE), um allgemeine Aussagen über Stoffe herauszufinden.

1 Aufbau von Edelgasen, Metallen, Salzen und molekularen Stoffen

a Färbe in den Spalten «Elemente, die in diesen Stoffen enthalten sind» alle Metalle grün und alle Nichtmetalle blau.

b Aus welchen Atomsorten (Metalle oder Nichtmetalle) sind molekulare Stoffe zusammengesetzt? Schreibe eine Regel auf.

c Aus welchen Atomsorten (Metalle oder Nichtmetalle) sind Salze zusammengesetzt? Schreibe eine Regel auf.

2 Eigenschaften von Edelgasen, Metallen, Salzen und molekularen Stoffen

a Schreibe auf, wie sich die Schmelzpunkte der Elemente «Edelgase» und «Metalle» unterscheiden.

b Schreibe auf, wie sich die Schmelzpunkte der Verbindungen «molekulare Stoffe» und «Salze» unterscheiden.

c In den letzten vier Zeilen der Tabelle fehlen einige Angaben. Versuche anhand des Schmelzpunkts und Siedepunkts zu entscheiden, um welche Stoffgruppe es sich handeln könnte. Trage die Stoffgruppen ein.

d In der Tabelle ist einiges durcheinandergeraten. Verbinde die zusammengehörenden Begriffe aus den drei Spalten, ohne nachzuschlagen.

Name	Schmelzpunkt	Stoffgruppe
Eisen	60 °C	Salz
Kerzenwachs	773 °C	molekulare Verbindung
Kaliumchlorid	1538 °C	Metall

Bildnachweis

Seite

11 Porträt Sir Alexander Fleming, um 1929 © World History Archive/Alamy; Schimmelpilzkolonie © Christine L. Case/Skyline College; Porträt Arthur Fry © Signe Dons/Wikimedia Commons/PD-self

12 Porträt William Henry Perkin, 1852 © The Chemical Heritage Foundation; Kleid der Modeschöpferin Mme Vignon, um 1869 © Victoria and Albert Museum London

14 Vergrösserung menschliches Haar © Juan de Vojníkov/Wikimedia Commons/CC-BY-SA-4.0

20 Feuerbohnensamen © Andreas Eggenberger/Lehrmittelverlag Zürich

35 Warnhinweise © UNECE United Nations Economic Commission for Europe/Wikimedia Commons/GHS pictograms

37 Lungenmodell © PHSG Pädagogische Hochschule St. Gallen

55 Nase zuhalten © Christoph Gysin/icona basel/Lehrmittelverlag Zürich

71 Hörschneckenhärchen, gesund und beschädigt © Chen L. Yu N. Lu Y. Wu L. Chen D. Guo W./journals.plos.org/CC-BY-4.0

75 Zwei Lichtstrahler © Lorenz Möschler

84 3-D-Kamera © Panasonic Marketing Europe GmbH Wiesbaden; zwei 3-D-Bilder © Lorenz Möschler

86 Python © Fivecolt/Fotolia

101 Windpark mit Kindern © Digital Vision/Thinkstock; Windspiel © JRLPhotographer/Thinkstock; Heissluftballon © TongRo Images Inc/Thinkstock; junge Frau mit Hammer © Erik Isakson/Thinkstock; Dampflokomotive © jgorzynik/Thinkstock; Skateboarderin © lzf/iStock; Mühlrad © fotodesign-doerflinger/Thinkstock; Solarpanels © RossellaApostoli/iStock; Plattenspieler © simon denson/Alamy; Wunderkerzen © mediaphotos/iStock

105 Skater Animation © University of Colorado Boulder

106 Solarbetriebenes Spielzeugauto © trongnguyen/Fotolia

113 Eisbär © FRANKHILDEBRAND/Thinkstock; Thermobild Eisbär © arno/coen/Wikimedia Commons/PD-self

118 Energiewürfel © Christoph Gysin/icona basel/Lehrmittelverlag Zürich

122 Flammen © Andreas Eggenberger/Lehrmittelverlag Zürich

123 Verbotsschild: Feuer, offenes Licht und Rauchen verboten © Torsten Henning/Wikimedia Commons/PD-self; Verbotsschild: Berühren verboten © Maxxl2/Wikimedia Commons/PD-self; Warnhinweise © UNECE United Nations Economic Commission for Europe/Wikimedia Commons/GHS pictograms

123, 124 Warnhinweis: entflammbare Substanz © UNECE United Nations Economic Commission for Europe/Wikimedia Commons/GHS pictograms; Gebotsschild: Schutzhandschuhe tragen © KennV/Wikimedia Commons/CC-BY-SA-4.0; Gebotsschild: Augenschutz tragen, Verbotsschild: Essen und Trinken verboten © MaxxL/Wikimedia Commons/PD-self; Verbotsschild: Feuer, offenes Licht und Rauchen verboten © Torsten Henning/Wikimedia Commons/PD-self

124 Warnhinweise © UNECE United Nations Economic Commission for Europe/Wikimedia Commons/GHS pictograms; Gebotsschild: Schutzhandschuhe tragen © KennV/Wikimedia Commons/CC-BY-SA-4.0; Verbotsschild: Bedienung mit langen Haaren verboten © Bloody666/Wikimedia Commons/CC0-1.0

127 Messpipetten, Präzisionswaage © Andreas Eggenberger/Lehrmittelverlag Zürich; Küchenwaage © redhumv/iStock

131 pH-Papier © Andreas Eggenberger/Lehrmittelverlag Zürich

132 Experiment Wärme © Andreas Eggenberger/Lehrmittelverlag Zürich

139 Granitwürfel © akiyoko/iStock; Holzwürfel © prill/iStock; Styroporwürfel © Nicholas Ng Chun Ming/123RF

145 Filterpapiere © Andreas Eggenberger/Lehrmittelverlag Zürich

148 Piktogramme Recycling © Swiss Recycling/Verein PET-Recycling Schweiz PRS

151 Wasser und Ethanol, Reis und Erbsen, Modell Moleküle Wasser/Ethanol © Andreas Eggenberger/Lehrmittelverlag Zürich

152 Eiskristalle © Alexey Kljatov/Fotolia

153 Verkalkter Wasserhahn © Angela Shirinov/Fotolia